L'INFAMIE

*Le procès de Riom,
février-avril 1942*

DU MÊME AUTEUR

LA RÉPUBLIQUE DE MONSIEUR POMPIDOU, Fayard, 1974.

ÉCLATS, *en collaboration avec Jack Lang*, Simoën, 1978.

JOSEPH CAILLAUX, Hachette Littératures, 1980 ; Folio Histoire, 1985.

UN COUPABLE, Gallimard, 1985 ; Folio, 1987.

L'ABSENCE, Gallimard, 1986 ; Folio, 1988.

LA TACHE, Gallimard, 1988.

SIEYÈS, *la clé de la Révolution française*, de Fallois, 1988 ; Le Livre de Poche, 1990.

UN ENFANT SAGE, Gallimard, 1990 ; Folio, 1992.

BATTEMENTS DE CŒUR, Fayard, 1991 ; Le Livre de Poche, 1993.

BERNARD LAZARE, *de l'anarchiste au prophète*, de Fallois, 1992 ; Le Livre de Poche, 1994.

L'AFFAIRE, 1983 ; nouvelle édition refondue, Fayard/Julliard, 1993.

COMÉDIE DES APPARENCES, Odile Jacob, 1994.

ENCORE UN PEU DE TEMPS, Gallimard, 1996 ; Folio 1997.

CONVAINCRE, *dialogue sur l'éloquence*, en collaboration avec Thierry Lévy, Odile Jacob, 1997.

UNE SINGULIÈRE FAMILLE, *Jacques Necker, Suzanne Necker et Germaine de Staël*, Fayard, 1999.

RIEN NE VA PLUS..., Fayard, 2000.

LETTRE À DIEU LE FILS, Grasset, 2001.

UN TRIBUNAL AU GARDE-À-VOUS, *le procès de Pierre Mendès France*, Fayard, 2002.

ET DES AMOURS DESQUELLES NOUS PARLONS..., Fayard, 2004.

MOTS ET PAS PERDUS, *Images du Palais*, Plon, 2005.

« ON NE MEURT QU'UNE FOIS », *Charlotte Corday*, Fayard, 2006.

DREYFUS, UN INNOCENT, Fayard, 2006.

TROP BIEN ÉLEVÉ, Grasset, 2007.

CE RENDEZ-VOUS AVEC LA GLOIRE, Fayard, 2009.

JEAN-DENIS BREDIN
de l'Académie française

L'INFAMIE

*Le procès de Riom,
février-avril 1942*

BERNARD GRASSET

PARIS

ISBN 978-2-246-78423-4

*A la mémoire de Philippe Lemaire,
mon si cher Frère,
qui nous a quittés en juillet 2011*

Avant-propos

Plusieurs raisons m'ont incité à travailler sur ce projet.

De nombreux livres ont été écrits, souvent très documentés, sur « le procès de Riom » tenu en 1942 dans le vaste palais de justice de cette ville d'Auvergne, proche de Vichy. Livres écrits par les journalistes qui assistèrent au procès et purent le commenter jour après jour, par des magistrats et des avocats qui le vécurent, par des accusés qui voulurent se défendre devant l'opinion, en tout cas porter témoignage, par des historiens qui ont su nous parler de ce moment tragique de l'histoire de la France.

Quelles que furent la qualité et aussi la diversité des ouvrages écrits sur le procès de

Riom, le temps qui s'en va ne cesse de s'effacer plus vite. J'ai interrogé de nombreux jeunes, étudiants ou professionnels, qui m'ont dit n'avoir jamais entendu parler de ces moments de notre histoire, déjà engloutis. C'est à ces nouvelles générations que j'ai pensé, rédigeant ce bref récit.

Je dois consentir que j'avais aussi des raisons personnelles de m'intéresser au procès de Riom. Ma chère mère avait épousé, « en secondes noces » comme on disait alors, un avocat charmant et charmeur, maître Jean Lemaire qui défendra en 1945, devant la Haute Cour de justice, le maréchal Pétain, aux côtés du bâtonnier Payen et de maître Isorni, et qui deviendra plus tard bâtonnier de son Ordre.

En cette année 1945 j'avais seize ans, et je commençais à préparer ma licence en droit. L'un de mes oncles qui avait été grand résistant, Compagnon de la Libération, pensant que mon instruction pourrait profiter de cette leçon dramatique, me fit entrer et m'accompagna à plusieurs audiences du procès du maréchal en Haute Cour, dans les tribunes de la première chambre de la cour d'appel de Paris, construites pour la circonstance. Il me souvient que je vis le maréchal Pétain entrer, le premier jour du procès, dans cette salle, devant un public debout, muet, s'asseoir, puis se lever lentement après que l'audience eut été ouverte, dire, en quelques mots, de sa voix tremblante, si souvent entendue, qu'il avait résolu de se taire.

J'assistai à de longues audiences, parfois intéressé, parfois déçu par les juges, par les témoins, par les avocats.

Quand, en 1950, je m'inscrirai, à vingt ans, au barreau de Paris, je deviendrai jeune stagiaire chez Jacques Isorni, qui, défenseur de Pétain en 1945, avait été notamment en charge de la superbe péroraison que j'avais entendue ; Isorni, un avocat comme il en existait alors, toujours emporté par la flamme de l'éloquence, et qui avait été le courageux défenseur de prévenus devant les « Sections spéciales » – ces juridictions inventées pour mettre à mort ou condamner à la déportation –, puis qui avait été l'avocat de Robert Brasillach, avant d'être celui de Philippe Pétain, un avocat qui n'avait d'autre rêve que de plaider, plaider ardemment, souvent violemment, et qui sera, plus tard, « suspendu » pour trois ans par la Cour militaire jugeant l'affaire du Petit-Clamart, car il avait osé lire une lettre qui « outrageait » l'un des juges, un avocat qui mourut en 1995, presque oublié, pauvre et solitaire. Quand j'eus l'honneur de travailler chez lui, j'appris évidemment beaucoup de choses, et notamment à me méfier des excès de l'éloquence traditionnelle, à aimer le droit. J'appris aussi à tenter de réfléchir sur la justice.

Ce livre est, je le sais, bref, parfois trop bref. Les livres cités en référence en disent davantage sur le déroulement du procès de

L'Infamie

Riom. J'ai seulement tenté de servir un peu l'Histoire et la Justice, si souvent brouillées, d'aider à transmettre la mémoire de cette sinistre comédie imaginée par le gouvernement de Vichy qui croyait détruire la République en la condamnant.

J.-D. B.

Introduction

La cour de Riom ? Une juridiction d'exception, parmi tant d'autres, venue après la défaite de 1940 pour punir les prétendus responsables de celle-ci ? Ce bouleversement de l'ordre judiciaire destiné à condamner la République, ne s'inscrit-il pas dans une continuité de l'histoire française ?

La justice, sous la monarchie, appartenait au roi de France, « source et fontaine » de toute justice, si même il la déléguait ordinairement. Elle s'exprimait notamment par les « lettres de cachet » et les « jugements par commissaire ». Le « Conseil du roi » était l'organe de prédilection de la justice dite retenue. Le « combat sans merci » opposant la monarchie et « ses » parlements, les réformes de Maupeou en 1771 puis de Lamoignon en 1788 préparèrent les révolutions de la justice qui ne cesseront de se succéder de 1789 à 1879[1]. L'Assemblée constituante rêva de construire une nouvelle justice, la loi du 27 novembre 1790 établit le Tribunal de cassation, mais vite la Révolution et les guerres obligèrent. « Le mot de jurisprudence, assurait Robespierre dans son discours du 18 novembre 1790, doit être effacé de notre langue. La jurisprudence des tribunaux n'est autre chose que la loi. » Commença la « dictature judiciaire » des tribunaux aux ordres du pouvoir en place. « Soyons terrible, avait dit Danton le 10 mars 1793, pour dispenser le peuple de l'être. » Couthon fit adopter à la Convention la fameuse loi du 22 prairial an II (10 juin 1794) qui mit en scène la Terreur, écartant la plupart des règles qui risquaient de profiter à l'accusé, l'accusé évidemment coupable.

Vint le temps de Bonaparte, puis de Napoléon. La Constitution de l'an VIII enterra « discrètement » la notion de pouvoir judiciaire. En revanche, sous le Consulat puis sous l'Empire, une « avalanche d'honneurs » couvrit les magistrats exerçant apparemment un véritable sacerdoce, mais qui restaient placés « sous la surveillance du souverain… ». Louis XVIII, après s'être engagé à veiller sur un pouvoir judiciaire « indépendant », maintint prudemment la réalité d'une fonction qui « s'administre ».

Par la synthèse des idées de l'Ancien Régime, de la Révolution et de l'Empire, s'était établie, écrit Jean-Louis Halpérin[2], « la tradition d'une autorité judiciaire limitée, dont l'indépendance ne tenait qu'au fil bien fragile de l'inamovibilité des juges et à l'inévitable respect des arrêts et jugements ».

Ainsi la France a-t-elle connu un système quasi permanent d'instabilité des institutions et de tribulations des juges. La multiplication des régimes, les révolutions, les guerres n'ont cessé de faire de la justice une grande souffrante, soumise à des statuts fragiles et mouvants. Sont aussi venues les « épurations » : monarchiques de 1815, de 1834, puis « républicaines », celles de 1848, de 1870, et surtout la terrible épuration du 30 août 1883. Comme l'observe Jean-Pierre Royer[3], les juges au XIXe siècle « ont valsé mieux que les préfets ».

Cette soumission de la justice, qui avait semblé s'effacer au XXe siècle, sous la IIIe République, est revenue en force sous le gouvernement de Vichy. Puis la Constitution de 1958, substituant l'« autorité » judiciaire au « pouvoir » judiciaire, faisant du président de la République, chef du pouvoir exécutif, le « garant » de l'indépendance de la justice, multipliant à son tour les tribunaux d'exception, poursuivait, à sa manière, cet inquiétant chemin tracé par notre histoire. Dans son ouvrage sur *Les tribunaux d'exception de 1940 à 1962,*

Y.-F. Jaffré se demande si cette « constance de l'histoire française (…) constitue un accident, une dérogation exceptionnelle aux règles du droit, due à d'impérieuses circonstances, ou si elle traduit une altération grave et profonde des principes qui fondent l'idée de justice dans notre civilisation[4] ». Cette parodie de la justice, qui a inspiré le gouvernement de Vichy tant soucieux de déshonorer la démocratie, serait-elle, hélas, un visage ordinaire de la France ?

LE COUP D'ÉTAT DE 1940

Le dimanche 16 juin 1940 fut sans doute, dans l'effondrement de la France, la journée capitale, « celle au cours de laquelle tout bascula », nous dit Eric Roussel[1]. L'armée allemande occupait une large partie du territoire français, un exode immense traversait la France, le gouvernement s'était précipitamment replié à Bordeaux, et ce 16 juin trois Conseils des ministres furent tenus en vingt-quatre heures. Il semblait aussi loin qu'utopique le temps où devenu président du Conseil en mars 1940, Paul Reynaud avait assuré : « Nous vaincrons parce que nous sommes les plus forts. » Fallait-il maintenant capituler, ou continuer la guerre à tout prix, dans l'« Empire français » ou ailleurs ?

Paul Reynaud assumait des influences contraires. Il avait fait entrer dans son gouvernement, en qualité de sous-secrétaire d'Etat à la Guerre, le général de Gaulle, partisan résolu d'une poursuite des combats, mais il avait, à son gouvernement, des apôtres de la paix, tel le maréchal Pétain appelé le 19 mai en qualité de vice-président du Conseil. Le vieux maréchal, âgé de près de quatre-vingt-cinq ans, sait user de son habileté à créer la distance, « à utiliser ses ambiguïtés[2] », même s'il s'exprime fort peu. Chacun sait, au Conseil des ministres, qu'il est convaincu que la France a perdu la guerre et qu'elle n'a plus d'autre issue que l'armistice. De même Camille Chautemps, l'ancien président du Conseil qui avait succédé à Léon Blum en 1937 et travaillé à la liquidation du Front populaire, tient l'armistice pour inéluctable. Il propose prudemment au Conseil des ministres de demander aux Allemands les « conditions auxquelles un armistice pourrait être accordé », afin de les étudier. Treize ministres dont le maréchal Pétain l'approuvent, six disent leur opposition. Pendant que le gouvernement se divise, Pierre Laval, qui fut deux fois président du Conseil, en 1931 puis en 1935, ne cesse d'intriguer à Bordeaux. Ce qu'il veut c'est que le maréchal Pétain soit porté à la tête du gouvernement, puis qu'il négocie avec les Allemands. Ainsi Laval reviendrait-il sans doute au pouvoir. Quant à Paul Reynaud, tiraillé, il subit sans cesse l'influence de sa compagne tant aimée, Mme de Portes, qui, elle, veut à tout prix l'armistice.

Les présidents de la Chambre des députés et du Sénat, Edouard Herriot et Jules Jeanneney, sont venus voir le président du Conseil avant que ne commencent les fameux Conseils des ministres du 16 juin. Ils semblent l'un et l'autre opposés à l'armistice. Suit le Conseil des ministres.

Un seul ministre est absent : le général de Gaulle, parti pour Londres à la demande de Paul Reynaud. Le Conseil se tient à 11 heures : le maréchal Pétain fait aussitôt savoir que l'armistice n'étant pas demandé, son devoir lui commande de démissionner, et il donne brusquement lecture de sa lettre de démission. Paul Reynaud, qui sait ce que veut Laval, répond prudemment au maréchal que sa lettre doit attendre « une réponse écrite ». Le Conseil des ministres décide de se réunir à nouveau à 16 heures après que les Anglais et les Américains auront été consultés. Le généralissime Weygand – qui a succédé au général Gamelin à la tête des armées – refuse toute forme de capitulation, mais il est, lui aussi, partisan de négocier un armistice. La discussion avec les Anglais ne cesse de se compliquer. Churchill fait savoir que l'accord franco-britannique interdit des négociations séparées. Pourtant, l'Angleterre accepterait que la France demande aux

Allemands à connaître « les conditions d'un armistice » sous réserve toutefois que la flotte française appareille sans délai vers des ports britanniques. Les négociations se poursuivent. Faudrait-il donc constituer un gouvernement franco-britannique ? Le général de Gaulle contacte Paul Reynaud qui semble « totalement découragé[3] ». Le Conseil des ministres se réunit à nouveau à 17 heures tandis que le général de Gaulle revient en avion, porteur des ultimes propositions britanniques. Le maréchal Pétain prétend que s'unir avec la Grande-Bretagne serait « fusionner avec un cadavre[4] ». Par un télégramme du général Georges au général Weygand, communiqué au Conseil des ministres, on apprend que la situation militaire ne cesse de se dégrader. Peu avant 20 heures, Paul Reynaud demande une suspension de séance. Il veut aller voir le président de la République. Souhaiterait-il former un nouveau gouvernement, moins déchiré ? En réalité, écrit Eric Roussel, à mesure que le temps passait, la « solution Pétain s'imposait avec force[5] ».

Le Conseil des ministres devait se réunir à nouveau à 22 heures. Tous étaient là. Ils furent surpris d'apprendre, par Paul Reynaud lui-même, qu'il avait donné et maintenu sa démission. Le président de la République Albert Lebrun fit une brève déclaration :

« Messieurs, excusez-moi si je n'ai pu vous décommander. Je n'ai pas pu faire changer d'avis M. Paul Reynaud. Par conséquent, le Conseil n'aura pas lieu. Mais restez, je vous en prie, autour de moi. Un gouvernement nouveau va être constitué sous l'autorité du maréchal Pétain. Un certain nombre d'entre vous vont être appelés par le nouveau président du Conseil pour être ses collaborateurs, mais que tous les autres restent aussi : je veux que nous soyons tous unis ce soir dans le même sentiment de tristesse[6]. »

Le gouvernement du maréchal Pétain est aussitôt constitué. Sur dix-sept membres, onze ont appartenu au précédent cabinet. Chautemps devient vice-président du Conseil ; Bouthillier reste aux Finances. Paul Baudouin, comme prévu, se voit confier les Affaires étrangères. Deux socialistes, André Février et Albert Rivière, figurent dans la liste, avec l'approbation de Léon Blum. Les militaires, cependant, occupent une bonne part du gouvernement qui, outre le maréchal Pétain, comprend trois généraux et un amiral. Le général Weygand prend en charge la Défense nationale, le général Colson la Guerre, le général Pujo l'Air, et l'amiral Darlan la Marine. Peu après minuit, le nouveau gouvernement se réunit. En moins d'une demi-heure, l'ordre du jour est épuisé[7].

Les ministres approuvent le texte d'un communiqué destiné à la presse :

« Dans les graves circonstances actuelles, le Conseil des ministres, sur la proposition de M. Paul Reynaud, président du Conseil, a estimé que le gouvernement de la France doit être confié à une haute personnalité recueillant le respect unanime de la Nation.

En conséquence, M. Paul Reynaud a remis au président de la République la démission du Cabinet et M. Lebrun a accepté cette démission en rendant hommage au patriotisme qui l'avait dictée et a fait immédiatement appel au maréchal Pétain qui a accepté de former le nouveau ministère.

Le président de la République a remercié le maréchal Pétain qui, en assumant la responsabilité la plus lourde qui ait jamais pesé sur un homme d'Etat français, manifeste une fois de plus son dévouement à la patrie. »[8]

Le maréchal prend ensuite la parole, très brièvement. « Le gouvernement est réuni. Sa tâche essentielle, sans perdre de temps, on en a assez perdu, est de demander au gouvernement allemand à quelles conditions il arrêterait les hostilités. »

Les adhésions au maréchal Pétain, les engagements, les remerciements ne cesseront de jour en jour d'aller au « sauveur de la France », alors que la France est envahie. « S'il fallait un miracle pour sauver la France, avait dit Paul Reynaud dans un de ses derniers discours radiodiffusés, je croirais au miracle. » Le miracle semblait venu !

Dès le 17 juin, le nouveau gouvernement entreprend les démarches pour rechercher les conditions d'un armistice. « Je fais à la France le don de ma personne pour atténuer son malheur… C'est le cœur serré que je vous dis aujourd'hui qu'il faut tenter de cesser le combat », déclare à la radio le maréchal Pétain, de sa voix tremblante. Au Conseil des ministres du 18 juin, le général Weygand vient exposer une situation militaire de plus en plus alarmante. Bordeaux risque bientôt d'être occupée. Le 19 juin, l'Allemagne fait sa réponse à la demande d'armistice : le gouvernement français doit désigner ses plénipotentiaires. La délégation sera présidée par le général d'armée Huntziger et comprendra en outre l'ambassadeur Léon Noël, le vice-amiral Le Luc, le général de corps d'armée Parisot et le général de l'air Bergeret.

Les armées allemandes continuent leur marche en avant. Elles atteignent bientôt Bordeaux. Le maréchal Pétain prend à nouveau la parole : « J'ai demandé à nos adversaires de mettre fin aux hostilités… J'ai été avec vous dans les jours glorieux. Chef du gouvernement, je suis et resterai avec vous dans les jours sombres. Soyez à mes côtés. Le combat reste le même. Il s'agit de la France, de son sol, de ses fils. »

Le 22 juin, le Conseil des ministres se réunit, de 1 à 3 heures du matin, pour délibérer des conditions d'armistice. L'engagement est toujours maintenu, assure le président Lebrun[9] : la flotte française ne sera, en aucun cas, livrée à l'ennemi.

Le 25 juin, les deux armistices, avec l'Allemagne et l'Italie, entrent en vigueur à minuit. Le 26 juin, le maréchal Pétain lit à la radio le message qui résume ses volontés :

« L'armistice est conclu, le combat a pris fin… Du moins l'honneur est-il sauf. Nul ne fera usage de nos avions et de notre flotte… Le gouvernement reste libre ; la France ne sera administrée que par des Français… Vous étiez prêts à continuer la lutte. Je le savais. La guerre était perdue dans la métropole. Fallait-il la prolonger dans les colonies ? Je ne serais pas digne de rester à votre tête si j'avais accepté de répandre le sang français pour prolonger le rêve de quelques Français mal instruits des conditions de la lutte. Je n'ai placé hors du sol français ni ma personne ni mon espoir. Je n'ai pas été moins soucieux des colonies que de la métropole. L'armistice sauvegarde le lien qui l'unit à elles ; la France a le droit de compter sur leur loyauté… Je hais les mensonges qui vous ont fait tant de mal… N'espérez pas trop de l'Etat. Il ne peut donner que ce qu'il reçoit[10]… »

Vient, le 3 juillet, l'attaque par une escadre britannique de la flotte française basée à Mers el-Kébir : la plupart des unités françaises furent coulées ou touchées, plusieurs centaines de marins trouveront la mort. « Grave erreur psychologique », affirme Albert Lebrun. « Quel froid cela va jeter dans les relations franco-britanniques ! » Le 5 juillet, la France rompt les relations diplomatiques avec la Grande-Bretagne.

Le 9 juillet, à Vichy, vite préférée à Clermont-Ferrand, la Chambre des députés, à la majorité de 395 votants contre 3, et le Sénat, par 229 voix contre 1, adoptent un projet de résolution tendant à réviser la loi constitutionnelle. Sans doute est-il dit que « la ratification de la nation devra précéder le fonctionnement des institutions nouvelles »… mais ce ne sera qu'un vœu.

Le 10 juillet 1940 à Vichy, l'Assemblée nationale, rassemblant 666 sénateurs et députés, votait par 569 voix contre 80 la motion déposée par Pierre Laval « donnant tous pouvoirs au gouvernement de la République, sous l'autorité du maréchal Pétain à l'effet de promulguer par un ou plusieurs actes, une nouvelle Constitution de l'Etat français. Cette Constitution devra garantir les droits du Travail, de la Famille et de la Patrie ».

C'était cette même Chambre des députés qui en 1936 avait voté les pleins pouvoirs au « Front populaire ». Manquaient les députés communistes déchus de leur mandat, et les parlementaires qui avaient embarqué sur le *Massilia*, dans l'espoir de continuer la guerre en Afrique[11].

Personne, semble-t-il, n'avait protesté contre l'enterrement « légalisé » de la République. Le président de la République, Albert Lebrun, s'était retiré sous sa tente. Le maréchal Pétain était venu lui rendre visite. « Monsieur le Président, le moment pénible est arrivé. Vous avez bien servi la République, et cependant le vote de l'Assemblée nationale crée une situation nouvelle[12]. » Les présidents du Sénat et de la Chambre des députés n'avaient exprimé aucune contestation. D'éminents juristes confirmèrent la légalité de cette « décision de l'Assemblée nationale[13] ».

Dès juillet étaient promulgués plusieurs actes constitutionnels. Par le premier le maréchal déclarait « assumer les fonctions de chef de l'Etat français ». Par le second il s'attribuait « la plénitude du pouvoir gouvernemental, exécutif et législatif » : nomination et révocation des ministres « qui ne sont responsables que devant lui », promulgation et exécution des lois, nomination à tous les emplois, disposition de la force armée, droit de grâce, négociation et ratification des traités. Il ne se privait que du droit de déclarer la guerre « sans l'assentiment préalable des Assemblées législatives ». Le troisième acte constitutionnel laissait subsister le Sénat et la Chambre des députés, « ajournés jusqu'à nouvel ordre ». Par l'acte constitutionnel n° 4, le maréchal désignait son successeur : Pierre Laval.

L'acte constitutionnel n° 5, daté du 30 juillet 1940, créait une « Cour suprême de justice », chargée de « juger les anciens ministres ou leurs subordonnés immédiats, accusés d'avoir commis des crimes ou délits dans l'exercice ou à l'occasion de leurs fonctions, ou d'avoir trahi les devoirs de leur charge ». Cette Cour suprême aurait à examiner les responsabilités encourues « dans le passage de l'état de paix à l'état de guerre ». Un décret du 1ᵉʳ août fixait Riom, ancienne capitale des ducs d'Auvergne, siège d'une cour d'appel à quarante kilomètres environ de Vichy, pour être le lieu où siégerait la Cour suprême de justice.

« Nous avons été trahis » ; « il faut punir les traîtres » ne cessait-on de clamer, expliquera du Moulin de La Barthète[14] dans son ouvrage *Le temps des illusions* qu'il publiera à Genève en 1946. « La France entière s'associait à ce cri. » Il fallait punir les coupables. Quels coupables ? « Les responsables de la guerre », comme le souhaitaient les Allemands ? Ce serait impossible. Georges Bonnet exposera à la Cour suprême que la France n'avait aucune responsabilité dans les origines de la guerre, qu'elle n'avait fait que remplir les obligations de son alliance militaire avec la Pologne attaquée par le Reich, et que, ministre des Affaires étrangères en 1939, il avait, au nom du gouvernement français, multiplié ses efforts en faveur de la paix. « Le procès des responsabilités de la guerre, inadmissible en tout état de cause dans un pays occupé, ne ferait que le jeu des adversaires de la France. Il serait donc aussi dangereux qu'inopportun, aussi vain qu'injustifié. »[15]

Qui était ce maréchal Pétain, devenu apparemment en quelques jours le maître de la France ? Né à Cauchy-à-la-Tour en 1856 d'une famille paysanne, sorti de Saint-Cyr en 1878, professeur à l'Ecole de guerre de

1901 à 1910, général au début de la Première Guerre mondiale il se distingue en 1915 en Artois puis en Champagne, avant de devenir, en 1916, « le vainqueur de Verdun ». Verdun, « c'est la victoire des gardiens de la terre, la terre qui, elle, ne ment pas[*16] ». Généralissime au lendemain de l'échec du Chemin des Dames, il réussit à remonter le moral des troupes en 1917 alors que celui-ci s'effondrait. Il est fait maréchal de France en 1918. Envoyé en 1925 en mission au Maroc, puis inspecteur de la défense aérienne, il fut choisi comme ministre de la Guerre dans le cabinet Doumergue en 1934, où il connut, parmi d'autres, Pierre Laval. En 1939 il sera ambassadeur de France en Espagne, auprès du général Franco.

Le général Pétain devenu maréchal n'avait cessé d'encourir le reproche d'être « négatif » – certains, tels Clemenceau et Poincaré,

---

* Discours du 25 juin 1940.

disaient même « défaitiste ». Il voyait toujours venir le pire[17]. Sa prudence l'avait sans doute écarté de tous les complots politiques qui voulurent user de son nom et de son prestige[18]. De droite, il semble « naturellement ». Mais la gauche le respecte. « Il passe pour être hostile aux offensives inconsidérées, et économe du sang des soldats[19]. » Quand le maréchal Pétain fut nommé ambassadeur auprès du général Franco, Léon Blum constata que la France faisait « trop d'honneur » au dictateur espagnol[20].

Pourtant, l'entourage du maréchal, dès que celui-ci est porté au pouvoir, ne cache pas ses sympathies de droite, sinon d'extrême droite. Du Moulin de La Barthète[*] – qui s'était présenté en 1936 sur une liste d'extrême droite – dirige le cabinet civil. Il est rejoint par Lavagne en août 1941. Les généraux Brécard et Laure, toujours dévoués

---

[*] Il publiera en Suisse en 1946 son livre *Le temps des illusions. Souvenirs (juillet 1940 - avril 1942)*.

au maréchal, qui dirigeront le cabinet militaire, n'ont jamais caché leurs convictions. Bernard Ménétrel, médecin personnel du maréchal, est le chef de son secrétariat particulier : lui non plus n'a jamais dissimulé ses opinions d'extrême droite, notamment son farouche antisémitisme. Raphaël Alibert, qui fut garde des Sceaux jusqu'à ce que le maréchal Pétain eût brusquement désigné à sa place Joseph Barthélemy, le 26 janvier 1941[*], semble l'intime du maréchal Pétain. Il déjeune presque tous les jours à sa table et ne cesse de soutenir ses amis politiques.

Joseph Barthélemy décrit ainsi le maréchal, dans ses mémoires :

---

[*] Joseph Barthélemy sera à son tour « congédié » au retour de Laval le 23 mars 1943 et aussitôt remplacé par Gabolde, procureur général. Maurice Gabolde aidera les formes de répression souhaitées par les Allemands. Lors de l'effondrement du Reich il s'enfuira en Espagne, dans le même avion que Laval et Abel Bonnard.

« Ce qui frappe le plus, quand on se trouve pour la première fois en présence du Maréchal, c'est le rayonnement qui se dégage de sa personne. D'abord, par son regard. Le regard est, chez les chefs, un des facteurs les plus efficaces de l'influence personnelle. Et cette sorte de magnétisme, la photographie ne la traduit pas. Le regard bleu du Maréchal s'adresse bien tout droit à l'interlocuteur. Il est souvent bienveillant et alors d'un charme prenant. Il peut aussi être froid, et alors l'interlocuteur en est glacé. Il est toujours hors série et dénote une personnalité hors série. On pourra être surpris quand on se rappellera que l'homme dont je parle ainsi est plus près de quatre-vingt-dix ans que de quatre-vingts. C'est qu'il a toujours eu une constitution physique d'une force rare. A la fin de la guerre 14-18, m'a-t-il dit, il était resté cinq ans sans quitter son uniforme ; tous ses effets civils cependant étaient devenus trop étroits. Il acheta un complet gris de confection à la "Belle Jardinière" et partit incontinent pour Challes-les-Eaux…

...

Aussi a-t-il échappé longtemps aux décrépitudes habituelles de l'âge. Extérieurement, il est resté droit, alerte, d'une vigueur rare ; ce n'est qu'à cinquante-cinq ans qu'il a renoncé à disputer la course de cent mètres plats avec les officiers de son régiment : il l'a gagnée, mais il a senti la nécessité de l'effort ; à l'heure actuelle, il faut avoir le cœur solide pour le suivre dans sa marche allongée. Il a la tension artérielle, la composition du sang d'un homme bien portant de cinquante ans[21].

...

Le Maréchal a un sens très élevé de sa personne, de sa dignité, de sa mission.

...

J'étais présent quand on lui apprit la mort du maréchal Franchet d'Esperey. "A présent, dit-il, on ne m'appellera plus le Maréchal Pétain, mais le Maréchal." Et les actes officiels portèrent désormais la formule : "Le Maréchal, chef de l'Etat français".

Il est d'une très grande bienveillance, mais à condition qu'on ne lui manque pas. Il entend lui-même franchir les distances, mais n'admet pas qu'on les franchisse sans y avoir été invité.[22]

…

Le Maréchal a dit et souvent répété : "J'ai fait don de ma personne à la France." Ses adversaires disaient qu'il y trouvait bien quelques compensations. Il était fait naturellement pour le pouvoir. Et il trouvait, à l'exercer, une évidente satisfaction[23]. »

Discret, secret, presque absent, il semble l'homme qui ne s'est jamais trompé. Il s'est marié à soixante-quatre ans. Etait-ce prématuré ? « J'attendais depuis vingt ans. J'aurais dû attendre encore dix ans », dira-t-il. Il n'ignore ni la Cagoule, ni les Croix-de-Feu, ni bien sûr l'Action française, aucun mouvement de droite. Mais il n'y adhère pas. A l'Académie française, dont il est membre comme tous les maréchaux, il a fait une campagne active pour l'élection de Charles Maurras[24]. A tous il semble l'ultime recours et il cultive cette image. On a fait appel à lui pour réprimer en 1926 la révolte au Maroc, pour « pacifier les esprits » dans le gouvernement Doumergue en 1934, pour rétablir en 1938 les relations diplomatiques avec l'Espagne. Que fera-t-il encore ?

Il a toujours de grands desseins, mais il vieillit plus vite qu'il ne semble. L'ingratitude de Pétain, observe Robert Aron, ne cesse de croître. « Je n'immole personne, mais personne ne m'est indispensable[25]. » Pour lui, le passé et l'avenir semblent se confondre. Dès 1934, ministre de la Guerre du cabinet Doumergue, il a jugé superflu de fortifier le secteur que les Allemands perceront en 1940. « A partir de Montmédy il y a les forêts des Ardennes… elles sont impénétrables… L'ennemi ne pourrait pas s'y engager. » Toujours il a minimisé l'efficacité des tanks et des avions. Il croit apparemment qu'une guerre nouvelle sera à peu près la même que celle de 1914. Bien sûr, il a conservé sa force apparente et sa présence : il fait, pour s'entretenir, de longues marches à pied. Mais, soudain, il ne reconnaît pas l'homme avec lequel il a déjeuné. La mémoire, parfois même la raison, semblent s'enfuir. L'après-midi il reste seul plusieurs heures, comme figé, hors du monde, ne parlant à personne.

Le jeudi 24 octobre 1940, le nouveau chef de l'Etat français a quitté Vichy pour se rendre en zone occupée et rencontrer le chancelier Hitler à Montoire. Tandis que le maréchal s'était avancé, Hitler l'attendait, escorté de Ribbentrop et du maréchal Keitel. Le Führer vient au-devant de Pétain qui avait revêtu le grand uniforme de maréchal. Les deux hommes se serrent la main. Hitler affirme : « Je suis heureux de serrer la main d'un Français qui n'est pas responsable de cette guerre. » Pétain, auquel la phrase n'est pas traduite, répond : « Bien, je vous remercie. » Poignée de main, symbole de la réconciliation, sinon de l'amitié franco-allemande, poignée de main dont Pétain dira plus tard qu'elle fut « donnée du bout des doigts ». « Réticence invisible » observera Robert Aron[26]. Mais l'image des deux chefs d'Etat se serrant la main, diffusée par les journaux et les cinémas, laissera aux Français un terrible souvenir.

LA COUR SUPRÊME DE JUSTICE

Le gouvernement avait mission, pour constituer la « Cour suprême de justice », de nommer les juges. Il les choisit « avec soin[1] ». Le président serait M. Caous, président de la chambre criminelle de la Cour de cassation depuis 1936 qui, nous disent Pierre Béteille et Christiane Rimbaud, « brillait au firmament vichyssois ». M. Lagarde, conseiller à la Cour de cassation, en était le vice-président. Les membres en étaient le général Wateau, M. Devemy, conseiller d'Etat, le professeur Olivier Martin[*], l'amiral

____

[*] Le général Wateau, avoué à Paris, était un aviateur célèbre, héros de la Première Guerre mondiale. Le

Herr, M. Tanon et M. Beravaud, conseillers à la Cour de cassation, M. Lemaire, premier président de la cour d'appel de Montpellier, M. Lesueur, vice-président de chambre à Paris : dix membres qui remplaçaient « la Haute Cour » autrefois constituée par le Sénat. L'accusation devait être soutenue par M. Cassagnau, avocat général à la Cour de cassation, assisté de MM. Gabolde et Bruzin, avocats généraux. L'avocat général Gabolde deviendra garde des Sceaux dans le gouvernement de Pierre Laval. Il sera remplacé dans sa fonction de procureur par l'avocat général Lequen. C'est l'avocat général Bruzin qui accomplira le plus gros travail, notamment dans la rédaction du réquisitoire fait de 164 pages[2]. Le juge Béteille, qui avait instruit de nombreuses affaires politiques, dont celle de la Cagoule,

conseiller Devemy était un ami du docteur Ménétrel, le professeur Olivier Martin un ami du maréchal Pétain.

avait été détaché auprès de la cour de Riom dont il devint bientôt l'archiviste[3].

Il semble que les Allemands aient vigoureusement insisté pour que soient jugés « les responsables de la guerre ». En effet, en 1918 le traité d'armistice avait contraint les Allemands à être tenus pour responsables d'une « guerre » qu'ils n'avaient pas déclarée. Un décret du 1er août 1940, convoquant la cour de Riom, exigeait que soient recherchés et jugés

« les ministres, les anciens ministres ou leurs subordonnés immédiats, accusés d'avoir commis des crimes ou délits dans l'exercice ou à l'occasion de leurs fonctions, ou d'avoir trahi les devoirs de leur charge dans les actes qui ont concouru du passage de l'état de paix à l'état de guerre avant le 4 septembre 1939, et dans ceux qui ont ultérieurement aggravé les conséquences de la situation ainsi créée ».

Cette obscure rédaction semblait donner satisfaction de principe aux attentes allemandes. Les rédacteurs de ce texte ambigu pensaient sans doute que la France n'était pas vraiment « responsable de la déclaration de guerre » qui n'avait été que l'exécution des engagements pris à l'égard de la Pologne, mais qu'elle était coupable d'avoir mal préparé la guerre, d'avoir préparé la défaite. Ces équivoques pèseront sur le procès.

Le 7 septembre 1940, le premier « coupable » présumé, Edouard Daladier, était arrêté et incarcéré à Chazeron, un château délabré situé près de Châtel-Guyon. Peu après venaient le rejoindre Léon Blum, le général Gamelin, Paul Reynaud et Georges Mandel. Dès octobre 1940 intervenaient les procès-verbaux de première comparution, et les premiers interrogatoires conduits par des membres de la Cour suprême commencèrent aussitôt.

Le 13 novembre 1940, Daladier, le général Gamelin et Léon Blum furent conduits à la maison d'arrêt de Bourrassol[*4] où se trouvait déjà Guy La Chambre et où les rejoindra en avril 1941 le contrôleur général Jacomet choisi comme dernier inculpé. Paul Reynaud et Georges Mandel seront renvoyés, conformément à la décision d'un Conseil de justice politique[**], comme « internés administratifs » au fort du Portalet.

Une longue instruction commença, conduite par les juges eux-mêmes, contrairement aux règles judiciaires[5]. Les avocats ne furent convoqués à aucun acte d'instruction.

---

* Bourrassol était une « vieille et modeste gentilhommière assez délabrée proche de Riom, maison vieille, poussiéreuse que la famille qui l'habitait avait louée à la Chancellerie ». Les repas des accusés leur étaient apportés, à leurs frais, par les hôtels de Riom. Le garde des Sceaux, Joseph Barthélemy, avait connu, au Parlement et dans la vie publique, plusieurs des accusés. Celui qu'il connut sans doute le mieux était Léon Blum. Barthélemy affirme que tout au long du procès il fit tout ce qu'il put pour que les inculpés fussent bien traités. Sur le respect du droit il fut moins attentif.

** *Infra* p. 56.

En revanche, les magistrats multiplièrent les interviews et plusieurs centaines de témoins furent entendus en quelques mois. Sur de nombreux points, des témoins – qui risquaient de gêner le gouvernement – furent « oubliés »[*].

Tout devenait plus difficile tandis que les mois passaient. L'amiral Darlan avait, en décembre 1940, remplacé Pierre Laval congédié et arrêté sur ordre du maréchal Pétain. Joseph Barthélemy, professeur de droit administratif, député de 1919 à 1926, membre de l'Institut, auteur de nombreux ouvrages, avait remplacé le 24 janvier 1941 Alibert au ministère de la Justice. Comment faire admettre, pour satisfaire le désir allemand, que Daladier, l'homme de l'accord de Munich, avait été « l'agresseur » ? Que

------

[*] Un greffier apportait aux inculpés la copie des dépositions ou rapports qui les concernaient. Ils pouvaient ainsi répondre. Peu usèrent de ce droit. Le général Gamelin – qui se taira lors des débats – accumula en revanche les réponses.

le général Gamelin, seul militaire poursuivi, était « responsable de la guerre » ?

Dès le mois de février 1941 était notifié à Léon Blum son « interrogatoire définitif ». L'ancien président du Conseil répondit, affirmant que les vraies causes de la défaite étaient « militaires », que toutes ses décisions, à lui, avaient été approuvées par le Parlement. « Ce que vous faites c'est le procès du régime républicain[*]. »

Le 16 octobre 1941, après une longue attente, un « réquisitoire » de 184 pages dactylographiées fut remis par le procureur général Cassagnau au garde des Sceaux, un peu avant 19 heures. Ce réquisitoire accusait les ministres d'avoir trahi les devoirs de leur charge « soit par impéritie soit par soumission à des buts ou influences politiques ».

---

[*] Préfaçant le livre de Pierre Tissier *Le procès de Riom* publié à Londres en 1942, le général de Gaulle dénonçait un « système militaire périmé », « une stratégie d'abandon », mais rendait hommage au courage de l'armée française : « Cette guerre n'est pas finie et la France, elle aussi, continue… » (pp. 5-6).

LE CONSEIL DE JUSTICE
POLITIQUE

Le réquisitoire – longtemps attendu – ne satisfaisait pas le gouvernement. Un acte constitutionnel n° 7, du 27 janvier 1941, dû semble-t-il à Alibert, permettait au maréchal Pétain de prendre toute sanction contre les secrétaires d'Etat, hauts fonctionnaires, et même anciens ministres qui avaient trahi les devoirs de leur charge. Dès le 12 août, le maréchal Pétain déclarait à Vichy : « Je sens se lever un vent mauvais. L'inquiétude gagne les esprits, le doute s'empare des âmes. » Il décidait donc d'user des pouvoirs que lui donnait l'acte constitutionnel n° 7. « Un conseil de Justice politique est créé à cet effet. Il me soumettra ses propositions de peines avant le 15 octobre. »

Ce « Conseil de justice politique » était présidé par l'ambassadeur Peretti della Rocca, ancien ambassadeur de France à Madrid, et comprenait sept autres personnalités, MM. Audollent, Aulois, Drouat, Josse, Vallin[*] et deux juristes réputés, MM. Percerou et Ripert[**].

Le 16 octobre, le maréchal Pétain annonçait aux Français, par radio, la stupéfiante décision prise par son « Conseil de justice politique »[1] :

« Français,
Le Conseil de Justice politique m'a remis ses conclusions à la date précise que j'avais

---

[*] Charles Vallin, député de Paris, membre du parti du colonel de La Rocque rejoindra le général de Gaulle avec Pierre Brossolette.

[**] M. Percerou était professeur à la faculté de droit de Paris, M. Ripert président de section au Conseil d'Etat.

fixée dans mon discours du 12 août. Ces conclusions sont claires, complètes, fortement motivées.

Composé d'anciens combattants d'élite et de grands serviteurs du bien public, le Conseil de justice a estimé à l'unanimité que la détention dans une enceinte fortifiée, la peine la plus forte prévue par l'acte constitutionnel n° 5, devait être appliquée à MM. Edouard Daladier et Léon Blum ainsi qu'au général Gamelin. J'ordonne en conséquence la détention de ces trois personnes au Fort du Portalet.

En ce qui concerne M. Guy La Chambre et le contrôleur général Jacomet, dont les responsabilités apparaissent moins graves, l'avis du Conseil a été différent. MM. Guy La Chambre et Jacomet resteront en conséquence internés à Bourrassol.

Mais le Conseil de Justice politique m'a demandé de préserver le pouvoir judiciaire des empiètements du pouvoir politique ; ce respect de la séparation des pouvoirs fait partie de notre droit coutumier. C'est donc très volontiers que j'ai répondu à cet appel qui correspond à mes sentiments intimes. En conséquence, la Cour de Riom reste saisie. Je vais même plus loin ; j'estime que non seulement la Cour de Riom ne pouvait être dessaisie, mais que l'intérêt national exige qu'elle puisse juger dans les délais les plus brefs.

La gravité des faits reprochés aux principaux responsables de notre désastre apparaît telle en effet qu'elle ne saurait être masquée ou aveuglée par de simples sanctions politiques.

En ce qui concerne enfin M. Paul Reynaud et M. Georges Mandel, qui ont fait l'objet, devant la Cour de Riom, d'une première information, j'ai estimé, m'appuyant sur l'avis de la majorité des membres du Conseil de justice politique, que les graves présomptions qui pèsent sur eux justifiaient leur détention dans une enceinte fortifiée. J'ai ordonné cette mesure.

Un pays qui s'est senti trahi a droit à la vérité. La sentence qui clora le procès de

Riom doit être rendue en pleine lumière. Elle frappera les personnes, mais aussi les méthodes, les mœurs, le régime. Elle sera sans appel, elle ne pourra plus être discutée. Elle marquera le point final de l'une des périodes les plus douloureuses de la vie de la France.

C'est pourquoi j'ai prié M. le garde des Sceaux d'assurer la venue rapide des débats devant la Cour de Riom. La Cour, au reste, a déjà fourni un travail considérable mais le Conseil de justice politique a tenu à rendre un hommage spontané à son labeur, à ses investigations, à la méthode avec laquelle elle a recueilli des résultats décisifs.

Les débats vont s'ouvrir. Portant sur un grand procès de notre histoire et se déroulant au cours d'une période troublée, ils ne seront certes pas sans danger. Je ne l'ignore pas, mais j'ai pesé, du point de vue de la nation, leurs avantages et leurs inconvénients et j'ai pris ma décision : un jugement différé eût été pour le pays un jugement manqué.

Une première étape est ainsi franchie dans la voie de la justice due à la nation. Sans doute le simple déroulement de la procédure judiciaire m'eût-il dispensé de faire intervenir l'acte constitutionnel n° 7, puisque aussi bien les principaux responsables atteints aujourd'hui d'une première sanction verront, à l'issue du procès, cette sanction transformée en peine peut-être plus grave. Mais à l'époque où nous vivons, chacun doit prendre ses responsabilités ; je donne l'exemple ; je prends les miennes.

Au mois d'août, j'ai senti que la procédure juridictionnelle, avec sa prudence, ses lenteurs, sa marche à pas comptés, aggravait le malaise qui oppressait le pays. C'est ce malaise que j'entends alléger par mes graves décisions d'aujourd'hui. Je vous donne par là la certitude que si vous avez été trahis, vous ne serez pas trompés. Gardez-moi votre confiance, conservez votre foi intacte dans les destinées du pays[2]. »

Rarement le droit et la justice n'avaient été traités avec tant de mépris. Ni Paul Reynaud ni Georges Mandel n'avaient fait l'objet d'aucune information devant la cour de Riom. « Pour qui nous prend-on ? » s'indigna le procureur général Cassagnau, qui demanda à être reçu par le maréchal en présence du garde des Sceaux. Joseph Barthélemy dut donner une interview embarrassée au journal *Le Temps* pour expliquer que la décision du maréchal ne portait aucune atteinte à l'indépendance de la Cour suprême de justice[*]. « C'est un homme déjà condamné, répondit Léon Blum le 20 octobre 1941, que vous invitez à répondre au réquisitoire de votre Parquet… Je dénie tout caractère contradictoire à l'instruction conduite

---

[*] Du Moulin de Labarthète assure dans *Le temps des illusions* que Lucien Romier et Henri Moysset, qui ne cessaient d'influencer le maréchal Pétain, firent en sorte que le procès de Riom reprît son cours. Joseph Barthélemy, ministre de la Justice, aurait été, lui, partisan de l'ajournement du procès.

contre moi. C'est le procès du régime républicain que vous faites, ce procès je suis fier de le soutenir au nom des convictions de toute ma vie. »

Le 28 octobre 1941 la Cour suprême rendit un arrêt de mise en jugement : Léon Blum, Edouard Daladier, le général Gamelin, Guy La Chambre et Robert Jacomet seraient transférés à Bourrassol pour être jugés. Paul Reynaud et Georges Mandel demeureront au fort du Portalet jusqu'à leur arrestation par les Allemands, le 27 novembre 1942.

LA PREMIÈRE AUDIENCE[*]

Le 19 février 1942 s'ouvre enfin à la cour de Riom la première audience du fameux procès[**]. Les photographes se pressent, tandis que la Cour suprême, en robe ou en uniforme, fait son entrée. Les accusés et leurs avocats sont là, debout. Dans les loges « la pénombre dissimule les spectateurs officiels ». Dans le public on voit de nombreux journalistes et des « observateurs » allemands

---

[*] Des extraits des audiences conservés aux Archives nationales (cote 570 AP/20) sont cités par Julia Bracher dans *Riom 1942. Le procès*, Omnibus, 2012.

[**] Léon Blum avait quitté Bourrassol pour le Portalet le 21 novembre 1941. Puis il fut ramené à Bourrassol le 30 décembre 1941, pour comparaître au procès.

ou italiens. Les avocats des détenus compulsent leurs dossiers. Le président Caous déclare l'audience ouverte, et il proclame solennellement d'une voix tendue : « Messieurs, les décisions qui ont été prises à l'égard de certains d'entre vous et les motifs qui ont été publiés de ces décisions sont pour la Cour comme s'ils n'existaient pas. »

Le procès commence, ce 19 février 1942 dans ce palais de justice lourd, gris, triste, mal éclairé, par la lecture de l'arrêt de renvoi qui prend plusieurs heures. Puis vient l'interrogatoire d'identité d'Edouard Daladier, ancien président du Conseil, ceux de Guy La Chambre ancien ministre de l'Air[*], et du secrétaire général Jacomet ancien auxiliaire du ministre de la Guerre. Suit l'interrogatoire d'identité du général Gamelin, ancien généralissime des Armées qui avait été remplacé en 1940 par le général Weygand. Le général Gamelin

______

[*] Pierre Cot était demeuré aux Etats-Unis. On avait donc poursuivi Guy La Chambre « à sa place ».

demande aussitôt l'autorisation, qui lui est accordée, de lire une déclaration :

« Messieurs, j'ai conscience d'avoir consacré toute ma vie à mon pays et à l'armée. Je crois en avoir donné les preuves en nombre de circonstances de paix ou de guerre. J'ai toujours considéré que le sort d'un homme ne comptait point, quand les intérêts de la patrie étaient en cause. C'est après avoir mûrement réfléchi que j'ai résolu de ne pas participer activement aux débats qui s'ouvrent...

J'ai au cours de l'enquête... montré notamment que le haut commandement de l'état-major n'avait cessé de réclamer tout le nécessaire, qu'ils n'ont pu intervenir dans le rendement des fabrications d'armement et la mobilisation industrielle, que, cependant, en août 1939 et avril 1940, nous ne croyions pas avoir le droit de désespérer. Certes, je ne suis pas parvenu à dépasser le cadre des attributions qui m'étaient assignées ; mais le pouvais-je ? ou devais-je être un factieux ?...

De même, je n'ai pas, je le reconnais, maintenu une démission que j'ai à plusieurs reprises présentée ou évoquée... Mais toute la question est de savoir si, étant donné les répercussions possibles, tant en France que chez nos alliés ou nos adversaires éventuels, le devoir qui domine tout, spécialement devant le danger, n'était pas de demeurer. Partir, n'était-ce pas déserter ?...

J'ai été condamné, sur le plan politique, pour des considérations qui me dépassent et sans avoir pu présenter ma cause. Aujourd'hui, je ne puis pousser ma défense plus avant sans risquer de prononcer des noms, français ou étrangers, que l'intérêt supérieur du pays doit faire écarter de ce débat... Si j'ai exposé l'immense effort accompli depuis 1935, il me faudrait rappeler de quelle situation nous sommes alors partis... Quelles furent les causes et de combien pesa notre retard... De même je serais contraint d'évoquer les responsabilités d'hommes qui se trouvaient sous mon autorité...

J'ai pour ma part confiance absolue dans les jugements impartiaux, quand pourront être révélés au grand jour tous les éléments du problème... Mais j'ai fait le sacrifice de ma personnalité, comme on doit faire celui de sa vie…

Ainsi, dans l'intérêt même de l'armée comme de la paix des esprits, j'estime que mon honneur de soldat et mon devoir de chef me commandent désormais de me taire. Je demande aux deux maîtres du barreau, mes défenseurs que je remercie de leur concours fidèle et éclairé, de vouloir bien imiter mon silence, au nom de la discipline patriotique[1]. »

« Priver un avocat d'une plaidoirie est cruel, et surtout illusoire », commente ironiquement Claude Bertin[2]. Les deux avocats du général Gamelin, maîtres Arnal et Pontous, se lèvent donc successivement, pour tenter d'expliquer le silence de leur client[*]. Puis, selon la volonté de celui-ci, ils quittent la barre. Mais déjà le général Gamelin décidant de se taire avait, dans sa

---

[*] Il a parfois été soutenu que le silence du général Gamelin aurait été conforme à la volonté du gouvernement de Vichy, mais ce ne paraît qu'une hypothèse.

déclaration, évoqué des dates que l'accusation voulait à tout prix ignorer. 1935 ? En 1934 le maréchal Pétain était ministre de la Guerre. Pourquoi avoir choisi comme date initiale des poursuites juin 1936, l'avènement du Front populaire, la venue au pouvoir des socialistes ? Pour éviter la mise en cause du maréchal ? Il était évident que les avocats retourneraient l'accusation contre le maréchal Pétain déjà défaitiste, disait-on, durant la guerre de 1914, qui avait refusé en 1930 la prolongation de la ligne Maginot, « car l'invasion serait arrêtée par des forêts inextricables », et qui ne croyait ni à l'efficacité des chars ni à l'importance de l'aviation[3].

Vient l'interrogatoire d'identité de Léon Blum, l'ancien président du Conseil, chef du Front populaire, né à Paris le 9 avril 1872, député, conseiller d'Etat honoraire. Il est long, mince, et l'on reconnaît sa voix, celle qui fut si souvent entendue, cette voix prenante, parfois emphatique, toujours ardente.

Il est ému parce qu'il a appris l'assassinat de son cher ami Marx Dormoy, parce qu'il pense à toutes les menaces qui pèsent sur sa famille, sur ses amis[4]. Il tapote tout le temps ses lèvres avec son mouchoir, remet en place sa cravate, se tourne vers le public. « La Cour, dit-il, a, dans son arrêt de renvoi, écarté d'un débat portant sur une défaite militaire tout ce qui concernait les opérations militaires, elle en a expulsé la guerre elle-même. Cependant, il restait aux débats la personne du général Gamelin. Ce dernier s'abstient et veut rester muet. Que va donc signifier un pareil procès tronqué[5] ? »

Tandis qu'il parle, Léon Blum s'indigne. Il parle bientôt avec passion.

« C'est bien vous, messieurs, qui aurez réduit au silence, à l'absence, M. le général Gamelin... Ce silence, et le respect qu'il inspire, sont en réalité un jugement porté contre vous... Je pourrais donc vous dire à mon tour, messieurs : vous avez mutilé ma défense au point de la rendre impossible. Jugez-moi, condamnez-moi pour la seconde fois, je me tairai. Eh bien ! non ! je parlerai, nous parlerons, cependant ! Nous le ferons moins pour nous que pour le pays qui apprendra avec stupeur quels étaient les rapports numériques exacts du matériel français et du matériel ennemi, tant à l'entrée en guerre qu'au moment de l'attaque allemande.

Ce procès devait être d'abord celui des responsabilités de la France dans la guerre, ainsi le voulait le texte qui vous a constitués. Ce procès, vous vous êtes refusés à le dresser, puisqu'il n'y a sur ces bancs ni M. Paul Reynaud ni M. Georges Mandel, éléments nécessaires d'un semblable débat. Mais si le procès qui s'ouvre ne sera pas celui de la France, il sera fatalement celui de la République. Un débat sur les responsabilités de la défaite, d'où l'on exclut les causes militaires, c'est nécessairement une prise à partie du régime républicain. Or, si le pays attend la vérité, il ne renie pas la République. Si c'est elle qui est ici l'accusée, nous resterons à notre poste comme des témoins et comme des défenseurs[6] ! »

L'un des avocats de Léon Blum, maître André Le Troquer, se lève alors. Il tient à la main un document dont il veut donner lecture « à titre de curiosité ». Ce sont les consignes données à la presse par le gouvernement de Vichy. Il donne lecture de la première « consigne » du gouvernement, énonçant les principes de la « censure » qui devrait veiller sur tous les comptes rendus du procès[*] :

« 1) Ne pas oublier que l'objet du procès est limité à l'impréparation de la guerre en France de 1936 à mai 1940 pour des raisons qui ressortiront clairement des débats.

2) Orienter les esprits sur les faits accablants que les audiences révéleront dans

---

[*] La consigne de censure n° 1 envoyée le soir même à tous les journaux ordonnait de « ne rien laisser passer à propos de la lecture faite par M. Le Troquer ». Puis cette consigne sera modifiée.

l'ordre des diverses impéries relatives à l'organisation et à l'équipement des armées de terre et de l'air, au développement de nos fortifications, à la préparation de la mobilisation industrielle.

3) Faire ressortir que les accusés sont responsables d'avoir manqué aux devoirs de leur charge dans la période critique où ils étaient au pouvoir.

4) Expliquer, en toutes occasions, que le véritable procès, c'est celui de l'état de choses d'où est sortie la catastrophe, afin de permettre au peuple français jeté dans le malheur de porter un jugement sur les méthodes de gouvernement dont il est devenu la victime.

5) Montrer que ce procès ne saurait être celui de l'Armée qui, troupes et chefs, a dû se battre sans disposer des outils indispensables dans une guerre moderne.

6) Développer chaque jour les arguments et les réfutations qui seront fournis aux journaux par le service de presse au fur et à

mesure que le déroulement des séances l'exigera.

7) Tenir compte de cette dernière consigne de manière particulièrement rigoureuse, s'il s'agit un jour de la personne du Maréchal et de sa politique.

8) Revenir fréquemment sur le fait que la politique du Maréchal, dans tous les domaines, a été et est inspirée par la nécessité qui découle de cette évidence : La France est condamnée à construire un régime nouveau ou à périr[7]. »

Le président Caous parut stupéfait de cette divulgation. « Comment vous êtes-vous procuré ce document ? » « Il est connu de tout le monde », rétorqua l'avocat. Désormais il sera complété, après chaque audience, par les consignes supplémentaires de censure ordonnant aux journalistes de modifier ou de supprimer leur compte rendu. Comme l'avait dit le maréchal Pétain, « un pays qui s'est senti trahi a droit à toute la vérité ». Mais les Français ne sauront désormais des 24 audiences que ce que la censure voudra bien leur en faire connaître.

Puis maître Le Troquer[*] dépose des conclusions tendant à démontrer que la Cour suprême de justice n'a pas d'existence légale, les actes constitutionnels n'ayant pas été soumis à la ratification par la Nation. « La France, ce n'était pas cela. Ce n'est pas cela. Cela ne sera pas cela. » Le procureur général Cassagnau rétorque que la loi du 10 juillet 1940 n'a pas fait de la ratification nationale une « condition suspensive » des actes constitutionnels du maréchal Pétain.

C'est au tour de l'avocat d'Edouard Daladier, maître Maurice Ribet[**], de déposer et commenter des conclusions soutenant que le crime de « trahison des devoirs de sa

___

[*] Avocat de Léon Blum, avec maîtres Félix Gouin et Samuel Spanien.

[**] Maître Ribet était assisté de maître Chauvel, de maître Croce-Spinelli, et de maîtres Albert et Jacques Croquez.

charge » n'existait pas dans le droit antérieur à l'acte constitutionnel n° 5 en date du 30 juillet 1940, et que tous les faits reprochés à M. Daladier étaient antérieurs à cette date. Ainsi, l'accusation tombait à raison du principe, « sacré en droit français et dans tous les pays civilisés », dit maître Ribet, « de la non-rétroactivité des lois pénales ». Maître Ribet fait un long et remarquable historique de ce principe souverain. L'abandon de ce principe serait « un retour à la barbarie, un renoncement à une civilisation millénaire[8] ».

Aussitôt se lève Edouard Daladier qui fait une longue et impressionnante déclaration :

> « Depuis dix-sept mois que je suis emprisonné, sans que je puisse me défendre, je suis dénoncé au peuple français comme le fauteur de la guerre et le responsable de la défaite, alors qu'il m'était en fait matériellement interdit de répondre à ces accusations ; au lieu de laisser la justice française accomplir son œuvre dans le silence et la sérénité,

loin du tumulte des haines et des passions, des journaux avec l'autorisation du pouvoir, la radio nationale, le chef de l'Etat lui-même, me représentent devant la France et devant le monde comme l'homme qui, un jour de septembre 1939, a déclaré, sans oser consulter les Chambres, une guerre perdue d'avance et qui a livré à l'ennemi sa patrie désarmée.

Il y a plus encore, ce n'est pas en accusé que je comparais devant vous, mais en condamné, puisque j'ai été condamné le 16 octobre 1941 par le Chef de l'Etat sur l'avis d'un conseil de justice nommé par lui, sans avoir pu me défendre, sans avoir été entendu, sans même connaître le réquisitoire dressé contre moi. J'ai été condamné quatre mois avant le procès qui s'ouvre aujourd'hui.

Y a-t-il dans l'histoire de la France un tel exemple, un tel dédain du droit et de la justice, que le message du 16 octobre où le Chef de l'Etat annonçait au pays cette condamnation avant le procès, affirmant sérieusement sa volonté, suivant son expression, de

préserver le pouvoir judiciaire des empiètements du pouvoir politique. Il en donne tout
de suite la preuve en prononçant en quelque
sorte votre sentence avant même que ne
fût fixée la première audience de la Cour
Suprême.

…

Nous verrons au cours de ce procès où fut
la trahison, par qui et comment la France
fut trahie. Mais je m'élève aujourd'hui avec
force contre cette condamnation arbitraire
que rien ne justifie. Aussi bien cette sorte de
sentence, elle a déjà été flétrie avant moi, il
y a trois quarts de siècle environ par un
historien membre de l'Académie Française,
M. de Carné, qui écrivait, sous le Second
Empire dans la *Revue des Deux-Mondes* :
"Revêtir de formes légales des arrêts rendus
d'avance, telle fut, dans tous les temps,
l'œuvre de ces commissions dont le hideux
souvenir aurait flétri l'honneur de la magis-
trature française si ses membres n'étaient le
plus souvent demeurés étrangers à la formation de ces tribunaux politiques."

Il est vrai aussi, pourquoi ne pas le dire ? que l'Allemagne était impatiente. La condamnation des Français qu'elle a l'audace d'accuser d'être responsables de la guerre, ce fut sa première exigence au lendemain de la victoire, et elle n'a pas cessé de s'en préoccuper[9]... »

Le président Caous, inquiet de la tournure que prend déjà l'audience, interrompt Edouard Daladier quand celui-ci met en cause l'Allemagne et cite des noms. « Avez-vous l'intention de mettre en cause des représentants de nations étrangères ? Si oui, nous allons nous arrêter et prononcer le huis clos. »

Mais Daladier reprend son implacable discours. Il rappelle que le maréchal Pétain fut ministre de la Guerre en 1934. « Est-ce la République qui en 1934 a réduit les crédits d'armement ? Est-ce la République qui a empêché le maréchal Pétain, ministre de la Guerre en 1934, d'opposer au plan allemand un plan français ? Est-ce la République qui est responsable des fautes professionnelles ou des défaillances morales que nous relèverons au cours de ces débats ? »

Edouard Daladier conclut par une émouvante péroraison ; il affirme sa confiance dans les juges : « C'est la connaissance de la vérité qui seule peut rendre au pays, au peuple français, aujourd'hui abusé par les légendes ou par les passions partisanes, la confiance dans l'avenir. »

Le procureur général Cassagnau se lève souriant, presque aimable. Il interroge maître Ribet, avocat de Daladier :

« Insistez-vous sur vos conclusions, maître ?
— J'insiste toujours, répond maître Ribet, sur les conclusions que je dépose… »

Alors le procureur général Cassagnau répond brièvement que « le juge n'est pas chargé d'apprécier la valeur des lois. Il n'est chargé que de les appliquer ». Mais il semble ensuite rassurer les accusés : « J'attends ces débats… ils vont me permettre, à moi aussi, accusateur, de me faire une opinion définitive. »

La Cour suprême se retire pour délibérer. Elle revient rapidement. Les conclusions de maître Le Troquer et de maître Ribet sont rejetées.

> « Attendu que le principe de la non-rétroactivité des lois, posé par l'article 4 du Code pénal, peut être contredit par le législateur auquel il est loisible de donner à une loi répressive un effet rétroactif, par ces motifs rejette les conclusions. »

Le président Caous lève aussitôt l'audience. Il annonce que les débats reprendront le lendemain.

> « C'était donc, commentera maître Ribet, le règne absolu de l'arbitraire, consacré par la plus haute juridiction du pays, à ce moment. »

Pourtant, dans le palais de justice de Riom, l'atmosphère semble avoir changé ; elle paraît s'être détendue. Les accusés bavardent. Les avocats s'agitent, avec de grands mouvements de robe. Les journalistes, eux, se demandent si le procès se poursuivra longtemps.

*
* *

Le vendredi 20 février 1942 s'ouvre la seconde audience. Chacun retrouve sa place. Aussitôt les avocats reprennent leurs attaques sur la procédure suivie. Maître Ribet dépose et commente de nouvelles conclusions visant à annuler l'instruction. Il allègue que le décret d'application de l'acte constitutionnel n° 5 concernait « les actes qui ont concouru au passage de l'état de paix à l'état de guerre et ceux qui ont *ultérieurement* aggravé les conséquences ainsi créées ». Or l'accusation a manifestement renoncé à rechercher les responsabilités de la déclaration de guerre ; elle a renoncé également à s'occuper de la conduite de cette guerre une fois déclarée. En revanche, une nouvelle notion a été introduite au cours de l'instruction, celle de « l'impréparation à la guerre », étrangère au décret instituant la Cour suprême. Le mot « ultérieurement » avait disparu. Un dialogue oppose le président Caous et maître Ribet qui ose parler de « manipulation des textes » :

« Me Ribet — Je plaide pour la Cour, monsieur le Président, et, par-dessus la Cour, pour l'opinion publique.

Le président — En tout cas, votre rôle d'avocat est uniquement de plaider pour la Cour, ne l'oubliez à aucun moment.

Me Ribet — C'est ce que je fais et je crois que je plaide avec déférence…

Le président — Pas toujours suffisante !

Me Ribet — J'estime que la liberté de la parole doit être complète à la barre lorsqu'elle s'allie au respect que l'on doit normalement à la Cour.

Le président — La liberté de la discussion est complète à la barre, mais la parole doit savoir être mesurée quand elle s'adresse à une Cour de Justice. C'est la dernière fois que je vous fais cette observation[10]. »

Maître Ribet s'indigne encore de ce qu'aucune inculpation n'a été décidée relativement à la conduite des opérations militaires. Fallait-il donc protéger à tout prix l'armée ? Il requiert un supplément d'information sur les responsabilités encourues « avant 1936 » et aussi sur ce qui s'est passé « après le 4 septembre 1939 ». « Si vous n'ordonnez pas ce supplément d'information quarante-deux millions de Français se demanderont avec nous pourquoi l'instruction n'a pas porté sur tous ces faits[11]. »

Vient maître Samuel Spanien, l'un des avocats de Léon Blum, qui appuie les conclusions de maître Ribet. Il n'est pas homme politique, mais il a consacré sa vie à la profession d'avocat. Ancien combattant de la guerre de 1914, décoré, il a pu échapper à l'expulsion du barreau qui, en 1941, avait frappé les avocats juifs. Puis maître Spanien cède la parole à son confrère maître Le Troquer qui plaide dans le même sens.

Alors se lève Léon Blum. « Il parle maintenant comme un juriste plutôt que comme un homme politique[12]. » Pour déterminer les actes qui ont concouru au passage de l'état de paix à l'état de guerre et les actes qui ont aggravé « ultérieurement » la situation, il faut partir du moment où l'état de paix a, pour la dernière fois, été constaté. Quand ? C'est à Munich, affirme Léon Blum ! M. Chamberlain, M. Daladier et le chancelier Hitler ont constaté l'état de paix. Alors a commencé « l'ultérieurement ». Pourquoi l'accusation a-t-elle voulu remonter en arrière, jusqu'en 1936 ?

« Le procès qui s'ouvre, affirme Léon Blum, est en réalité un procès politique, un procès de représailles contre le gouvernement du Front populaire. Si vous jugez que notre œuvre a été néfaste, alors il faut étendre votre instruction à ceux qui l'ont déterminée… »

Il cite notamment Jacques Doriot et Gaston Bergery, hier « parrains » du Front populaire, aujourd'hui maréchalistes convaincus, champions de l'ordre nouveau. Et le maréchal Pétain ne fut-il pas, en 1934, le ministre de la Guerre du gouvernement Doumergue ? Pourquoi faut-il, à tout prix, ne remonter qu'au gouvernement du Front populaire ?

Le procureur général Cassagnau reprend brièvement la parole, sans répondre. « On nous demande un supplément d'information sous prétexte que nous nous serions arrêtés dans l'examen des faits à juin 1936. »

Et il explique très vaguement les raisons du choix de l'accusation.

Après une très brève suspension d'audience, les conclusions de la défense sont rejetées. Le président Caous, soulagé, lève l'audience. Vient un long week-end. La prochaine audience est fixée au mardi 24 février.

*
* *

Ce mardi 24 février, Edouard Daladier souffre d'une forte grippe et il ne peut quitter son lit. Maître Ribet demande la remise de l'audience. La Cour suprême y consent. L'audience reprendra donc le vendredi 27 février 1942, si M. Daladier est heureusement rétabli.

INTERROGATOIRE
D'EDOUARD DALADIER

Le vendredi 27 février à 13 h 30 commence l'interrogatoire d'Edouard Daladier. Le « taureau du Vaucluse » semble avoir retrouvé sa forme. « Si vous voulez rester assis, lui dit aimablement le président Caous, vous pouvez le faire. » Mais Edouard Daladier restera debout, et l'interrogatoire durera trois journées. Daladier précise aussitôt qu'il entend s'expliquer « d'une façon complète », répondre à toute question sans même avoir entendu les témoins. Sans doute pense-t-il que le procès sera un jour interrompu et il veut s'être totalement expliqué dès son audition.

Daladier peut sembler le principal accusé. Il a été ministre de la Guerre puis de la Défense nationale de 1932 à 1940, avec une parenthèse de 1934 à 1936. En 1934 c'est le maréchal Pétain qui lui avait succédé au ministère de la Guerre. Surtout, Daladier a été président du Conseil du 11 avril 1938 au 20 mars 1940, et c'est lui qui a signé, en 1938, avec l'Allemagne nazie et l'Angleterre, le terrible accord de Munich qui avait déchiré la Tchécoslovaquie, dans l'illusion d'éviter ou de retarder la guerre.

Le président Caous commence par lui reprocher de n'avoir qu'une seule fois présidé le « Conseil supérieur de la guerre » entre 1936 et 1939. Daladier rétorque que le ministre ne devait présider le Conseil supérieur que lorsqu'il s'agissait d'une modification de l'organisation de l'armée, et il cite aussitôt un rapport rédigé en 1935 par le général Weygand disant qu'il avait vainement demandé que le ministre de la Guerre d'alors, le maréchal Pétain, réunisse le Conseil supérieur de la guerre « car il avait des choses graves à lui dire », ce qui apparemment n'avait nullement intéressé le maréchal[*].

Le président Caous évoque ensuite une autre accusation : Daladier, alors qu'il n'était pas au gouvernement, en 1935, se serait opposé au vote de la loi portant à deux ans la durée du service militaire. « Le problème n'était pas d'avoir davantage de soldats, mais davantage d'armements », rétorque Daladier, et il cite à nouveau le maréchal Pétain qui, le 3 juillet 1934, devant la commission de l'armée de la Chambre des députés, avait dit qu'une augmentation de la durée du service ne pouvait être envisagée.

Le président Caous aborde ensuite l'accusation d'« impéritie dans l'organisation et

______

[*] C'est la première attaque – elles se multiplieront – dirigée contre le maréchal Pétain. La censure ordonne, dans sa consigne n° 19, de « couper intégralement » cette allusion au maréchal Pétain.

l'instruction de l'armée », développée dans le réquisitoire. « Lorsque la mobilisation s'est faite, nous avions 37 000 officiers de l'armée active. Il y en avait 27 000 en Allemagne… » réplique Daladier. Il parle ensuite des crédits affectés aux camps d'instruction, qu'il avait augmentés. Le procureur général intervient pour l'avertir que la Cour suprême entendra de nombreux témoins militaires qui, dit-il, « démentiront vos accusations », il cite leurs noms. « Vous ne m'avez cité, rétorque Daladier, que des noms de généraux vaincus à qui j'aurai à poser d'autres questions. »

Daladier poursuit alors ses accusations contre le maréchal Pétain : « En 1934, le budget du Reich prévoit l'équivalent de 1 500 millions de francs pour l'armement… au même moment le maréchal Pétain accepte que le budget d'armement français soit ramené de 603 millions à 403 millions, soit une amputation de 200 millions. » Daladier accuse ensuite le maréchal Pétain d'avoir consacré des crédits importants à des ouvrages vétustes qui correspondaient à ses vieilles théories stratégiques. Il dénonce notamment la priorité que le maréchal Pétain accordait aux fortifications au détriment de l'armement.

Léon Blum demande alors la permission de sortir quelques instants. « M. Caous, comme à l'école, accorde une récréation générale[1]. » L'audience est suspendue. Il est 15 heures.

Lorsque le président Caous ouvre à nouveau l'audience, la discussion reprend avec Edouard Daladier sur l'insuffisance des armements, et d'abord des fusils, puis des pistolets automatiques, des revolvers, des mitrailleuses, enfin des chars de combat. M. Daladier conteste la plupart des chiffres avancés par l'accusation. Le maréchal Pétain défendait une conception purement « défensive » de l'armée : il faut avoir des fortifications bien armées, des couvertures, des renforts de couverture[*]. La conception allemande était inverse. « Nous ne voulons plus, disaient les Allemands, de la guerre d'usure. C'est elle qui nous a perdus en 1918. Nous voulons la guerre éclair[2]. » M. Daladier cite les remarquables écrits du colonel de Gaulle[**]. « Le moteur bouscule vos doctrines ; le moteur bousculera vos fortifications. » Il dresse ensuite un véritable réquisitoire contre les chefs de l'armée qui n'ont pas su, selon lui, constituer de divisions cuirassées. Il ne cesse d'accuser le maréchal Pétain[3]. « Je cogne comme un bûcheron », écrit-il dans

---

[*] C'est sur proposition du maréchal Pétain, vice-président du Conseil supérieur de la guerre en 1927, que fut refusée la fortification de la frontière du nord – ce que le maréchal soutiendra encore en 1934, étant ministre de la Guerre.

[**] « Ne pas citer le nom du général de Gaulle » (interdiction rigoureuse) ordonne la censure. Mais les déclarations des accusés et de leurs avocats sont de plus en plus reprises sur la radio de Londres. De même la censure oblige à couper toute phrase de Daladier qui mettrait en cause le maréchal Pétain.

son *Journal de captivité* « contre les misérables traîtres qui ont livré la France pour abattre la République[4] ».

Le procureur général intervient, maintenant les chiffres du réquisitoire (3 160 chars français contre 7 à 8 000 chars allemands). La discussion se prolonge sur les chars, puis sur les armes antichars.

A 17 h 45, le président Caous lève l'audience. Elle est remise au 29 février à 13 h 30.

*

*   *

Reprend l'interrogatoire de M. Daladier. Il semble que l'audience précédente lui ait rendu toute sa forme. Le président Caous passe aux fortifications et à la ligne Maginot. M. Daladier affirme que c'est le maréchal Pétain, vice-président du Conseil des ministres, en 1927, qui s'était fermement opposé au prolongement de la ligne Maginot le long de la frontière du nord. « Les forêts des Ardennes sont impénétrables », avait répété le maréchal Pétain[*].

« Or, constate Daladier, c'est par la forêt des Ardennes qu'a débouché la percée allemande. » Le président Caous veut achever vite cette partie de l'interrogatoire qui tourne mal. « La question est de savoir, résume le président Caous, si votre effort personnel et votre action de ministre de la Défense nationale et de la Guerre ont été suffisants. C'est ainsi que l'accusation pose le problème. »

« Vous étiez ministre de la Guerre », rappelle le procureur général.

« Mais je n'étais pas garde-magasin », répond sèchement Daladier.

---

[*] Pierre Tissier, dans son livre paru à Londres en 1943 et préfacé par le général de Gaulle, assure que le maréchal Pétain s'était systématiquement opposé à l'accroissement des armements, à l'utilisation des chars de combat, au développement de l'aviation, ne regardant plus qu'une guerre « défensive ».

L'audience est suspendue pour une demi-heure[*].

A la reprise de l'audience, le président Caous entend aborder les problèmes politiques : la loi de 40 heures, les grèves révolutionnaires, le « désastre » du Front populaire. Pourquoi M. Daladier a-t-il signé, le 29 juillet 1936, une circulaire interdisant de recourir aux heures supplémentaires dans les établissements de guerre ? « C'était, dit l'accusé, pour favoriser l'embauche par les arsenaux d'un personnel supplémentaire. » Il explique ensuite toute son action pour résorber le chômage, puis pour briser, en 1938, la grève générale.

« Pourquoi avez-vous décidé la réintégration d'ouvriers grévistes après "la grève révolutionnaire" du 30 novembre ?

— Dans un esprit d'apaisement », répond Daladier.

---

[*] Les consignes de censure interdisent à nouveau toute allusion au maréchal Pétain.

Et lorsque le président lui reproche sa mansuétude à l'égard des ouvriers communistes, Daladier rétorque que la plupart des ouvriers spécialisés, indispensables, étaient communistes et qu'il a fait ce qu'il devait faire.

M. Blum se lève, veut intervenir, le président Caous l'en empêche aussitôt : « Monsieur Blum ce n'est pas votre tour ! Il viendra. »

Viennent les questions sur « les nationalisations des usines de guerre ». M. Daladier s'explique longuement. Il s'agissait, dit-il, de « dix usines outillées pour fabriquer du matériel de guerre en petite quantité et pour le vendre cher surtout en pays étranger ».

Voici que M. Daladier semble à nouveau fatigué. Le présent Caous lève l'audience et fixe la prochaine au 3 mars 1942[*].

____

* « Encore une belle journée de soleil », écrit Edouard Daladier dans son *Journal de captivité* du 2 mars 1942. « Mon avocat Ribet vient me voir à 5 h.

L'Infamie

*

*   *

Le mardi 3 mars 1942 commence la sixième audience du procès de Riom. Après que le président Caous eut repris l'interrogatoire sur la nationalisation des usines de guerre, après que M. Daladier eut affirmé avoir fait passer de 7 000 à 10 000 le nombre d'entreprises privées travaillant pour la défense nationale, le président interroge l'accusé sur différents griefs tenant à la « mobilisation industrielle ». « C'est un très gros débat » constate M. Daladier qui s'explique longuement.

Après une suspension d'audience, c'est le procureur général qui à son tour interroge M. Daladier. Celui-ci répond à toutes les questions.

« J'ai dit : il y avait un matériel fabriqué. Mais ce matériel fabriqué nous constatons à

Il me paraît très fatigué de m'avoir écouté parler pendant deux jours. »

plusieurs reprises, au cours même de l'information, qu'il n'est pas arrivé sur le front, ou qu'on ne l'y a pas employé. »

Le procureur général, se trompant sur les responsabilités, lui rétorque :

« Mais vous étiez ministre de la Guerre. »

« Ce n'est pas à moi, réplique sèchement M. Daladier, que l'on adressait les demandes de matériel. La guerre déclarée, le généralissime n'était pas mon subordonné... »

Le procureur général insiste. Alors M. Daladier s'écrie :

« J'étais le chef de tout à vous entendre parce que j'étais président du Conseil. »

Tandis que s'achève l'interrogatoire du « taureau du Vaucluse », chacun se demande si le procès pourra continuer. Un numéro du *Petit Parisien* circule en « zone sud » où s'étale en première page une caricature montrant le maréchal Pétain effondré, sur un banc d'accusés.

Le président Caous, visiblement embarrassé, s'adresse à M. Daladier :

« Vous avez cité certains documents qui sont à la base de votre défense… »

Daladier lui répond sèchement :

« Je n'ai pas cité un seul document qui ne soit pas dans le dossier ! »

Vient une courte suspension de séance. Les avocats et leurs clients se retrouvent dans la petite salle qui leur est réservée. Ils échangent leurs impressions et leurs cigarettes. Les gendarmes et les inspecteurs chargés de la garde des détenus, écrit maître Ribet, « ont l'air radieux ». Ils causent familièrement avec l'ancien président du Conseil. Celui-ci semble sorti vainqueur de l'audience.

INTERROGATOIRE
DU GÉNÉRAL GAMELIN

Le président Caous voudrait maintenant entendre le général Gamelin qui a annoncé, dès le début du procès, qu'il ne répondrait pas. Debout, devant sa table, le général Gamelin, militaire et déférent, répond avec simplicité :

« Monsieur le président, je m'excuse très profondément, devant vous et la Cour. Mais je dois maintenir que mon devoir supérieur me commande de me taire. Je ne le fais point, et je n'ai d'ailleurs jamais rien fait, d'un cœur léger. Et il y faut, vous le sentez, quelque stoïcisme. Mais ma conviction est, à cet égard, tous les jours, absolue. Aussi bien ai-je conscience d'avoir fourni dans mes mémoires et les documents qui y sont joints, les moyens d'établir la vérité. Me taire, c'est pour moi, une fois encore, "servir". Pardonnez-moi donc de ne point répondre aux questions que vous me poserez[1]. »

Le président Caous insiste :

« La décision que vous prenez de ne pas vous défendre est très grave. Vous étiez le général en chef des armées françaises. Ne croyez-vous pas que l'armée, que vous avez commandée et que vous avez conduite à la bataille, attend que vous la défendiez ? Est-ce qu'il ne sera pas de votre devoir, à vous, général en chef, de la défendre ? C'est grave ce que je dis !

— Comment, monsieur le président, répond le général Gamelin, pourrais-je parler au nom de l'armée, de la place où je me trouve actuellement ? »

Le président insiste encore :

« Vous pourriez répondre, et je vais même jusqu'à dire vous devriez répondre ! Je n'ai pas de conseil à vous donner, excusez-moi, j'ai vraiment tort de parler ainsi, mais cela me paraît si évident que, même à un accusé, j'ai le devoir de parler en ce sens[2]. »

Le général Gamelin restera muet. Pendant une heure, on entendra un long monologue du président énumérant les questions qu'il voulait poser et qui resteront sans réponse. Le président interroge notamment sur la réorganisation du haut commandement, en 1940, jugée inopportune, mais le général Gamelin ne répond toujours pas.

L'audience, écrit Claude Bertin, est levée « dans une lourde atmosphère de malaise[3] ».

INTERROGATOIRE
DE GUY LA CHAMBRE

Le mercredi 4 mars à 13 h 30 commence la septième audience. Vient l'audition de Guy La Chambre, nommé ministre de l'Air en janvier 1938, audition qui se prolongera le 5 mars. Il est assisté de maître Georges Chresteil et de maître Jacques Fourcade.

Il apparaît comme un jeune homme élégant, « un jeune candidat, dira maître Ribet, qui passe un examen difficile ». Guy La Chambre est là parce que Pierre Cot, qui l'avait longtemps précédé à son ministère, était demeuré aux Etats-Unis. Le président Caous l'interroge avec bienveillance, comme si, dira maître Ribet, un pacte de courtoisie avait été passé entre le président et l'accusé.

Guy La Chambre va parler près de quatre heures, rarement interrompu par le président. Il expose les retards qu'avait pris, avant lui, l'aviation française. Le plan V avait été établi en mars 1938, étalé sur trois ans, donnant une priorité absolue à la chasse qui devait absorber 75 % des moyens durant vingt et un mois. Ensuite venait l'aviation d'observation, puis, en troisième position seulement, l'aviation de bombardement. En mars 1939, la cadence de fabrication des avions a été portée à 150 par mois. Au début de 1940 les usines françaises sortaient mensuellement 400 appareils. C'étaient « d'énormes progrès ». Mais se posait le difficile problème de la formation d'un nombre suffisant de navigants. La tradition française, au sein de l'état-major, était de ne pas croire à l'importance de l'armée aérienne. Le général Gamelin disait que l'aviation serait « un feu de paille » et le maréchal Pétain, qui n'y croyait pas, avait qualifié l'aviation de « jouet pour faire peur aux enfants ». Le 10 mai 1940, l'état-major avait à sa disposition 3 500 appareils dont beaucoup, restés sur les terrains, ne furent pas utilisés. Jamais l'aviation française n'est intervenue en masse, contrairement à ce que fit l'aviation allemande. Les conceptions militaires du maréchal Pétain régnaient en France[*]. M. Guy La Chambre conclut que l'état-major, privé d'imagination, n'avait pas su prévoir le rôle essentiel que l'aviation française pouvait jouer dans la guerre moderne…

« Monsieur le président, je me suis trouvé en face de constructeurs découragés ! Les

---

[*] Sur l'attachement de Pétain à une conception purement défensive de la guerre, cf. la préface du maréchal Pétain au livre du général Cauvineau, paru en 1938, *Une invasion est-elle encore possible ?* et la sévère critique de Marc Bloch : « A propos d'un livre trop peu connu », dans *L'étrange défaite, témoignage écrit en 1940*, préface de Stanley Hoffmann, Folio, Gallimard, 1990.

outillages manquaient, les machines-outils manquaient. L'aviation, c'était de l'artisanat ! J'ai commandé des machines aux Etats-Unis, aux Pays-Bas, en Suisse et... en Allemagne ! Au total pour 1 730 millions. En 1938 nous avons obtenu 1 milliard de crédits. En 1939, nos constructeurs étaient parvenus à livrer 100 à 150 avions par mois, contre 20-25 auparavant ! Or le plan V impliquait une production de 4 800 avions : 400 par mois. On y est arrivé en 1940, mais au prix de quelles difficultés ! Pensez qu'un Morane 405 se compose de 7 000 pièces. Ce qui représente de 14 à 20 000 heures d'ouvriers spécialisés ! Un bombardier, c'est 40 000 pièces ! Ce qu'il faut bien comprendre, c'est qu'en 1936, on ne considérait pas l'aviation de guerre comme une chose aussi importante et sérieuse que l'infanterie ou l'artillerie...

...

Monsieur le président, de nombreux officiers généraux ont déclaré que notre défaite était due à "l'inexistence" d'une aviation de bombardement qui eût enrayé l'avance des blindés[1]… »

Maître Ribet, avocat de M. Daladier, maître Le Troquer, avocat de M. Léon Blum, posent encore quelques questions. Après quoi le président Caous annonce que le lendemain la Cour siégerait « à huis clos » pour connaître d'une fameuse réunion du Conseil supérieur de la défense nationale qui s'était tenue le 23 août 1939, en toute urgence, à raison de l'accord germano-soviétique « pour apprécier les conséquences de la "volteface" soviétique ».

6 MARS 1942 :

L'AUDIENCE À HUIS CLOS

Le vendredi 6 mars 1942, la cour de Riom, siégeant donc à huis clos, prendra connaissance d'une réunion des grands chefs de l'armée, des ministres de la Guerre, de la Marine et de l'Air, tenue le 23 août 1939, qui avait, semble-t-il, donné lieu à une consultation générale sur l'état militaire de la France et sa faculté de tenir ses engagements internationaux. Dès la veille de ce 6 mars, après la levée de la dernière audience, les avocats s'étaient précipités dans le bureau du président de la Cour suprême pour protester contre ce huis clos.

Le président Caous, toujours courtois, avait répondu qu'il s'entretiendrait avec ses collègues ; mais dès l'ouverture de l'audience du 6 mars, il fit savoir que celle-ci se tiendrait effectivement à huis clos. Maître Le Troquer déposa des conclusions pour que la sténographie de cette mystérieuse audience soit déposée au greffe. La Cour suprême rejeta aussitôt cette demande. Cela parut stupéfiant aux avocats qui protestèrent, rappelant que le procès-verbal de cette réunion avait été publié in extenso dans plusieurs journaux vichyssois[*]. Peu importait ! Le gouvernement voulait le huis clos.

Pourquoi ce Comité permanent de la défense nationale du 23 août 1939 avait-il une telle importance ? C'est qu'il s'était tenu quelques heures après la signature à Moscou

---

[*] La consigne de presse disait de ne « laisser passer aucune déclaration sur le huis clos relatif à la réunion ministérielle du 23 août 1939 et interdire jusqu'à nouvel ordre la reproduction du procès-verbal de cette réunion qui avait été antérieurement publié ».

du pacte germano-soviétique dont la Pologne était la victime. « Il faisait tomber, écrit du Moulin de Labarthète[1], l'une des cartes auxquelles notre diplomatie s'était le plus obstinément, le plus silencieusement attachée, la carte de l'alliance russe. » Le ministère des Affaires étrangères avait posé deux questions : « La Russie nous abandonnant, pouvons-nous compter sur l'efficacité de la Pologne ? » La réponse des militaires avait été « oui ». « L'état de nos armements nous permet-il de nous engager dans la guerre ? » La réponse avait été « oui ». Cette date du 23 août était donc une date « pivot ». C'était autour d'elle que pouvait tourner le procès, le procès de l'imprépara-tion, ou de l'insuffisante préparation…

Achevé ce huis clos, maître Ribet demande à intervenir. Le président Caous lui dit[2] :

« C'est M. Daladier, votre client, qui avait fixé l'objet de cette réunion, à la suite d'une demande de M. Georges Bonnet, ministre des Affaires étrangères. Trois questions sont inscrites à l'ordre du jour de cette réunion : "Première question : la France peut-elle sans réagir accepter de laisser disparaître la Pologne et la Roumanie de la carte de l'Europe ? Deuxième question : la France a-t-elle les moyens de s'opposer à la disparition de la Pologne ? Troisième question : Quelles sont les mesures à prendre ?" Nous ne pouvons pas traiter de tels problèmes en public. Vous le comprenez certainement. Nous risquerions de nuire au pays, surtout en ces temps… d'occupation étrangère. La guerre n'est pas finie. Nos audiences sont suivies par de nombreux observateurs étrangers. Voilà pourquoi, je n'ai même pas songé à donner la parole à M. le procureur général… »

Maître Ribet proteste, affirmant que ce huis clos était inutile puisque le procès-verbal de la réunion du 23 août a déjà été publié. « Nous nous demandons pourquoi, dans ces conditions, des explications publiques ne pourraient pas être données sur ce document. »

Le président rejette la demande de maître Le Troquer. S'engage un débat sur les effectifs de l'aviation française où intervient M. Guy La Chambre qui conteste les chiffres du ministère public.

Le sentiment semble se renforcer peu à peu que le procès n'ira pas à son terme. Déjà quelques journalistes ont abandonné l'audience. Les comptes rendus se font moins fréquents et plus brefs. On dit que l'amiral Darlan, Premier ministre du maréchal, serait bientôt congédié, qu'il serait remplacé par Pierre Laval, lequel ne cessait d'intriguer pour reprendre sa place.

INTERROGATOIRE
DE LÉON BLUM

L'interrogatoire de Léon Blum, assisté de maître Le Troquer et de maître Spanien, qui commence le mardi 10 mars 1942, suscite évidemment dans l'auditoire et dans la presse un renouveau d'intérêt. D'abord parce que Léon Blum semble le principal coupable : président du gouvernement du Front populaire du 4 juin 1936 au 23 juin 1937, allié des communistes, soutien des grèves, des violences populaires, des manifestations, porteur de tous les désastres, juif, et, par surcroît, fort intelligent et habile, ce que personne ne conteste. On sait qu'il est éloquent. On sait aussi que lorsqu'il prend la parole il la garde longuement.

Léon Blum s'adresse d'abord à ses juges. Il leur dit qu'il ne doute pas de leur impartialité. Puis il tient à préciser qu'il ne fut président du Conseil que du 4 juin 1936 au 23 juin 1937. Antérieurement à sa nomination il n'avait vu son prédécesseur, Albert Sarraut, que deux fois. Quant au second gouvernement du Front populaire, c'était celui de M. Chautemps, dont il n'était plus que le vice-président du Conseil, mais M. Chautemps, évidemment non poursuivi, est aujourd'hui à l'étranger, chargé de mission par le gouvernement de Vichy[*]. Léon Blum évoque alors son départ, sa démission, « la moralité politique ». Le président Caous croit pouvoir l'interrompre :

---

[*] Consigne de censure n° 59 : « Ne laissez passer dans les explications de M. Léon Blum aucune allusion à la mission officielle dont est chargé un ancien président du Conseil. »

« La moralité politique est une question purement subjective, que chacun apprécie à sa façon. Pour la Cour, le procès n'est pas, et ne sera jamais un procès politique.

— Il l'est, rétorque Léon Blum, et le sera malgré vous.

— Pas pour la Cour, répond le président, je vous l'assure.

— Il l'est par sa nature même[1]... »

Léon Blum expose d'abord tout ce qu'il a fait pour la Défense nationale, tout ce qu'il a « lancé », avec Edouard Daladier alors ministre de la Guerre, le « programme de 14 milliards », tout ce qu'il a fait aussi pour l'aviation. Mais il sait ce qui lui est le plus reproché : sa politique sociale et surtout la loi des quarante heures. A propos de cette loi, Léon Blum se livre à un cours savant sur l'évolution économique et sociale du monde. Qu'a-t-il donc fait ? Il a respecté la volonté du pays. « Au temps de la République la souveraineté appartenait au suffrage universel. » « En exécutant la volonté du suffrage universel souverain, sous le contrôle du Parlement et avec l'approbation constante du Parlement, délégataire de cette souveraineté, je remplissais donc le premier devoir de la charge d'un ministre républicain. C'est en manquant à ce devoir que j'aurais trahi ma charge. »

Le président Caous objecte : « Ne croyez-vous pas que le rôle d'un guide est de conduire, et non pas de suivre ? Qu'en pensez-vous ? »

« Je suis tout à fait d'accord avec vous », répond Léon Blum, et il ajoute : « sans trahir mon devoir de fidélité... j'avais un devoir comme chef de gouvernement vis-à-vis de l'intérêt national dont j'avais la charge ». Il rappelle la « crise sociale dramatique » à laquelle il a dû faire face, les circonstances dans lesquelles furent réalisés les « accords Matignon » entre patrons et syndicats, le rôle d'apaisement de la loi des quarante heures, qui rappelle-t-il, est encore aujourd'hui une loi de l'Etat.

« Personne n'est venu me dire : il faut user de la force. Si je l'avais fait, si j'avais jeté alors la France dans une guerre civile, est-ce que ce n'est pas à ce moment que j'eusse trahi les devoirs de ma charge ?[2]

Le progrès de la civilisation, de la technique, c'est bien pourtant une propriété collective de l'humanité ; c'est l'héritage de tout ce que la civilisation nous a légué. Nous vivons dans un régime tel que ce qui devrait être le bien commun de l'humanité, ce qui, par conséquent, devrait se répartir, s'étaler en bienfaits, en profits sur tous les hommes, se traduit, au contraire, par des profits démesurés pour certains, et, pour la masse des autres, par le chômage, la sous-consommation, la baisse des salaires, la misère. Je crois qu'un état de choses comme celui-là cessera. Cette espèce de divorce impie entre la science et la société, entre la nature et la vie, ne durera pas éternellement ;

toute la question est de savoir comment, par quel procédé, par quel moyen, il changera. Mais, sans doute, un état viendra où ce qui est l'héritage de tous les hommes deviendra le bénéfice, le profit de chaque homme, où chacun touchera sa quote-part, son petit dividende, soit sous la forme d'un supplément de bien-être pour un même travail, soit sous la forme d'un supplément de loisir pour un même salaire.

Eh bien, la loi de 40 heures avait et elle a encore, à mes yeux, cette importance toute puissante qu'elle représentait, dans le progrès de la civilisation, cette attribution aux travailleurs du dividende. Elle représentait des arrhes, un premier profit, que les travailleurs pouvaient toucher, qu'ils pouvaient percevoir comme leur part légitime dans le mouvement de la civilisation et le progrès qui appartient à tous les hommes. Voilà le sens profond de la loi de 40 heures, ou plutôt le sens profond de mon attachement pour elle[3]. »

Il fait le procès de ce procès conduit contre lui.

« Si vous persévériez dans le système de l'instruction, et du réquisitoire, vous proclameriez que ce procès est une entreprise politique, que vous êtes des juges politiques et nous n'aurions plus qu'à enregistrer votre aveu[4]. »

Les heures passent. L'auditoire semble très frappé non seulement par l'éloquence – un peu solennelle, très brillante et persuasive – de Léon Blum, mais par sa puissance d'analyse et de conviction. Le président Caous lève l'audience – car Léon Blum a parlé plusieurs heures – et renvoie la Cour à l'audience du lendemain pour « achever » l'audition de Léon Blum.

Le lendemain, 11 mars, le président Caous croit prudent de rappeler à l'accusé que ce qui intéresse la Cour ce n'est pas tant la politique du Front populaire mais seulement ce qui peut avoir été « préjudiciable à la défense nationale ». Léon Blum, toujours courtois et souriant, passe sur la loi de « l'arbitrage obligatoire », dont il rappelle cependant le rôle qu'elle a joué, et il entreprend d'expliquer, rendant hommage notamment à Léo Lagrange, que le loisir est un droit essentiel,

> « qu'il n'est pas du tout la paresse, que le loisir est le repos après le travail, que le loisir et le sport sont, pour l'ouvrier, la santé et aussi comme une réconciliation avec une vie naturelle dont il est trop souvent séparé et frustré… j'ai eu le sentiment d'avoir malgré tout apporté une embellie, une éclaircie dans des vies difficiles, obscures. On ne les avait pas seulement arrachés au cabaret, on ne leur avait pas seulement donné plus de facilité pour la vie de famille, mais on leur avait ouvert une perspective d'avenir, on avait créé chez eux un espoir… J'en viens maintenant aux nationalisations[5]. »

Le président craint que les débats ne se prolongent exagérément :

« Pour les nationalisations je ne vais pas vous poser de questions. Les faits qui vous sont reprochés sont du même ordre que ceux que j'ai indiqués l'autre jour à M. Daladier. Les points à étudier sont exactement les mêmes. »

Léon Blum en décrit cependant l'origine, la genèse, l'utilité évidente pour le pays. Les communistes ? Ils n'étaient pas vraiment favorables à la nationalisation des usines de guerre. Le mouvement pour ces nationalisations « a été largement inspiré par les profits démesurés que certains industriels réalisaient "au milieu de la misère universelle" ».

Le président Caous semble reprocher à Léon Blum d'avoir invoqué l'idée de désarmement international dans l'exposé des motifs de la loi sur la nationalisation des industries de guerre. Léon Blum explique alors les idées de sa politique internationale :

« Je ne crois pas que ce soit affaiblir le moral d'un peuple, que ce soit le débiliter, que de lui montrer en même temps qu'on arme… qu'on ne laisse pas cependant se prescrire l'espoir – c'est le vrai mot ce n'est pas un rêve, c'est un espoir – d'un arrangement international, d'une organisation pacifique de l'Europe. »[6]

Il raconte ensuite comment, en septembre 1936, il avait reçu un représentant du chancelier Hitler qui disait espérer une négociation sur la limitation et le contrôle des armements :

« Le représentant du chancelier Hitler était le Dr Schacht. Il est venu me voir à Matignon, pour une conversation directe, en passant par-dessus les intermédiaires officiels, au nom du chef du Reich. J'aurais peut-être pu dire, si j'avais été l'homme qu'on dépeint : "Je suis marxiste, je suis juif, je n'entre pas en conversation avec un Etat où l'on a extirpé toutes les organisations socialistes, où l'on persécute les juifs." Si j'avais dit cela, j'aurais trahi les devoirs de ma charge. Mais je lui ai dit : "Je suis marxiste, je suis juif, et c'est pour cela que j'ai le désir plus vif encore de voir aboutir la conversation qui s'engage maintenant entre nous." Il m'a répondu : "Monsieur, cela ne vous fait que plus d'honneur." Je ne lui demandais pas ce témoignage, mais j'en tire avantage pour montrer que, quand il s'est agi de questions de désarmement, que ce fût à Genève, à Paris ou ailleurs, je n'ai eu en vue que les intérêts de notre pays. En même temps, je réalisais des plans d'armements massifs, à un point tel que personne ne l'avait fait encore. J'ai donc rempli mon devoir de Français[7]. »

Vient, après une courte suspension d'audience, la question des occupations d'usines. C'est « un élément de l'acte d'accusation, lui dit le président, que votre faiblesse devant l'agitation révolutionnaire ». Léon Blum répond fermement qu'il ne voulait pas employer la force.

« Si je n'avais pu, par la persuasion et la conciliation entre ouvriers et patrons, ramener ce que j'ai appelé l'ordre civique, l'ordre républicain, j'aurais renoncé à mon mandat et peut-être à ma vie d'homme politique[8]. »

Puis la situation sociale a évolué. On pouvait faire respecter la loi sans courir des risques redoutables. Alors le gouvernement a pu avoir recours aux « neutralisations d'usines ».

Léon Blum s'explique ensuite sur ses rapports difficiles avec le parti communiste. Il affirme ne lui avoir jamais rien cédé, non plus d'ailleurs qu'au parti socialiste. Mais il rend cependant hommage aux otages et aux victimes que subit, en zone occupée, le parti communiste.

Et Léon Blum achève par ce qui fut une émouvante péroraison :

« Messieurs, j'ai achevé. Vous pourrez, naturellement, nous condamner. Je crois que, même par votre arrêt, vous ne pourrez pas effacer notre œuvre. Je crois que vous ne pourrez pas – le mot vous paraîtra peut-être orgueilleux – nous chasser de l'histoire de ce pays[*]. Nous n'y mettons pas de présomption, mais nous y apportons une certaine fierté ; nous avons dans un temps bien périlleux, personnifié et vivifié la tradition authentique de notre pays, qui est la tradition démocratique et républicaine. De cette tradition, à travers l'histoire, nous aurons malgré tout, été un moment. Nous ne sommes pas je ne sais quelle excroissance monstrueuse dans l'histoire de ce pays, parce que nous avons été un gouvernement populaire : nous sommes dans la tradition de ce pays depuis la Révolution française. Nous n'avons pas interrompu la chaîne, nous ne l'avons pas brisée ; nous l'avons renouée et nous l'avons resserrée…

Quand on nous a dit "vous avez eu tort, il fallait agir autrement", on nous dit nécessairement, forcément : "il fallait trahir et

---

[*] Léon Blum avait commencé dès son incarcération la rédaction de son livre *A l'échelle humaine* qui fut achevé au Portalet en décembre 1944 et publié en 1945.

briser la volonté exprimée par le peuple". Nous ne l'avons pas trahie ni brisée par la force, nous y avons été fidèles.

Et, Messieurs, par une ironie bien cruelle, c'est cette fidélité qui est devenue une trahison. Pourtant, notre fidélité n'est pas épuisée, elle dure encore et la France en recueillera le bienfait dans l'avenir où nous plaçons notre espérance et que ce procès même, ce procès dirigé contre la République, contribuera à préparer[*9]. »

---

* Ce discours, superbement écrit et dit (cf. le long texte reproduit dans Julia Bracher, *Riom 1942. Le procès, op. cit.*, audiences des 10 et 11 mars 1942), avait fasciné l'auditoire. Mais les treize consignes données à la presse ne laissaient presque aucune place au discours de Léon Blum.

INTERROGATOIRE
DE ROBERT JACOMET

C'est, le 12 mars 1942, le tour du dernier accusé : Robert Jacomet, qui a occupé pendant plusieurs années la fonction de « secrétaire général du ministre de la Défense nationale », poste charnière entre le ministre Edouard Daladier et les divers directeurs du ministre. Maître Toulouse, avocat réputé pour son humour, est son défenseur. M. Jacomet ne fait que répéter, en s'enfermant dans ses compétences, ce que M. Daladier a déjà dit. Nul éclat durant les deux audiences de l'audition de ce haut fonctionnaire précis et rigoureux. Maître Toulouse demande, à la fin de son interrogatoire, que

M. Daladier intervienne. Celui-ci le fait avec talent et émotion :

« Je regarde la patrie meurtrie, dont le cœur est brisé à la pensée qu'elle est exclue du grand combat qui se livre dans le monde pour le salut de la liberté, et je pense que, si elle est vaincue, ce n'est que pour un temps, ce n'est que momentanément, et qu'elle retrouvera les chemins de la gloire. Je pense à cette heure que, si la France est arrivée à ce point de son histoire si douloureuse, on ne peut pas charger de cette responsabilité des hommes que j'ai vus pendant trois ans, travaillant à mes côtés jour et nuit, avec toute leur âme, tout leur cœur et tout leur courage. Voilà, Maître Toulouse, le témoignage que je voulais rendre à mon collaborateur, qui est mon ami et le restera[1]. »

TÉMOIGNAGES DES OFFICIERS

Vient le printemps. C'est le mardi 17 mars. Le 15 mars, le chancelier Hitler a prononcé au Palais des sports de Berlin une vigoureuse harangue contre le procès de Riom qui tendait à devenir pour les Français « la justification d'une guerre que l'on aurait dû gagner ». Après un long week-end le président Caous doit entendre les témoins. Combien sont-ils ? Personne ne sait. On dit qu'ils seraient 300, militaires pour la plupart. Le procès paraît continuer, si même on prétend, de plus en plus, qu'il sera interrompu.

Commence la ronde des généraux qui seront bien sûr confrontés avec les accusés.

Le 17 mars, le général Besson est entendu. Membre du Conseil supérieur de la guerre depuis 1937, il a été chargé le 19 mai 1940 de la direction de la bataille de la Somme. M. Daladier l'interroge longuement, puis maître Ribet :

« Me Ribet — Vous avez parlé du moral déficient des troupes.

R. — Je faisais toujours la comparaison avec le moral de 1914. Les gens me demandaient "Pourquoi se bat-on ?" J'avais peine à leur répondre.

Me Ribet — Lorsque vos troupes vous demandaient pourquoi elles se battaient, n'avez-vous pas jugé bon de faire faire des conférences par vos officiers pour indiquer que la France se battait pour la défense de sa liberté ?

R. — Il y en a eu d'organisées dans toute l'armée.

Me Ribet — Elles ont donné des résultats ?

R. — Oui.

Me Ribet — Quand vous avez pris le commandement sur la Somme, votre armée s'est admirablement battue ? J'ai dit : armée ; c'est une erreur, je veux parler du groupe d'armée n° 3.

R. — Mes hommes se sont remarquablement battus.

Me Ribet — Est-ce que vous n'avez pas eu l'impression, que vous avez communiquée, que, sur la Somme, vous auriez pu tenir longtemps, si vous n'aviez pas reçu l'ordre de la retraite ?

R. — Oui, si nous avions eu des réserves et du matériel. Malheureusement, il n'y avait plus de réserves[1]. »

Le général Besson affirme qu'il partage l'avis du maréchal Pétain donné à la commission de l'armée du Sénat sur la ligne Maginot. Au-dessus de la ligne Maginot, il y avait, c'est vrai, « des forêts impénétrables ». Mais il eût fallu faire d'importants travaux pour les rendre « totalement impénétrables » et empêcher la percée des chars allemands.

Puis se présentent le général Blanchard, le général Huré, le commandant marquis de Moustiers qui était parlementaire[*]. Celui-ci se déclare plein d'admiration pour le moral de ses soldats, sans susciter aucune question. En revanche, il rend hommage à l'action de M. Daladier si même celui-ci n'avait jamais bénéficié de sa voix.

Suit le 18 mars la déposition du général Mittelhauser, membre du Conseil supérieur de la guerre de 1931 à 1938 qui avait été chargé de plusieurs missions importantes.

L'écoutant, M. Daladier intervient, assurant que l'on croirait entendre, à chaque témoignage, le même disque. Il conteste les chiffres des témoins, et le général Gamelin, soudain sorti de son silence, rectifie les « erreurs » du général Mittelhauser. Le

______

[*] L'ordre des dépositions des militaires varie selon les livres qui rendent compte des auditions. Il est impossible – mais ce n'est pas essentiel – de le rétablir avec certitude.

général Mittelhauser concède que l'on était passé de 34 chars modernes en 1936 à plus de 3 000 en 1938.

Le mercredi 18 mars et le jeudi 19 mars 1942, c'est la déposition du général Requin, ancien commandant de la 4ᵉ armée en Lorraine, puis de l'armée de l'Aisne. M. Daladier le presse de questions, et comme le général Requin lui avait reproché de ne pas avoir présidé le Conseil supérieur à la fin de l'année 1938, M. Daladier lui fait reconnaître que le maréchal Pétain, ministre de la Guerre en 1934, n'en avait présidé aucun. Suit une discussion très serrée sur les réunions du Conseil supérieur de la guerre, à laquelle le général Gamelin accepte soudain de participer.

Ce 19 mars est entendu aussi le général Hering qui avait été membre du Conseil supérieur de la guerre de 1935 à 1939, gouverneur militaire de Strasbourg puis de

Paris, ensuite placé au commandement de l'armée de Paris qui s'était replié sur la Loire. Le général Hering paraît donner satisfaction aux accusés. Il a été le seul à demander, en accord avec M. Daladier, le 15 mai 1938, lors d'une réunion du Conseil supérieur de la guerre, la création de divisions cuirassées et leur coopération avec l'aviation. Il défend vivement le général Gamelin : « On a dit qu'il avait manqué de caractère. Moi, je l'ai vu, dans des circonstances tragiques, faire preuve d'une force de caractère peu commune. » Maître Ribet intervient pour marquer que cette déposition rejoint les déclarations des accusés. Léon Blum intervient dans le même sens.

Le 20 mars, se présente le général Sciard qui commandait le 1ᵉʳ corps d'armée décimé sur la Somme, et qui dut se retirer jusqu'en Dordogne. Répondant aux questions de M. Daladier puis de maître Ribet, il admet que la conception française des chars était périmée, qu'ils n'emportaient pas assez d'essence pour aller loin, que « les règlements français étaient fondés sur l'expérience des anciens maniements de chars ».

Lui succède le commandant Ragaine qui avait commandé le 35ᵉ bataillon de chars. Ce témoin était satisfait du matériel et des soldats qui se sont très bien battus en Belgique.

La « ronde des officiers » continue. Vient encore le général Doyen qui avait commandé dans les Alpes, puis qui avait reçu le 16 mai 1940 le commandement du 16ᵉ corps d'armée dans la région de Verdun. Lui aussi se plaint du manque de matériel antichars et du manque de DCA. Il lui manquait aussi des spécialistes pour remplir ces emplois. M. Daladier, satisfait, commente cette déposition en prenant note que le général Doyen « avait résisté victorieusement au nord de Verdun du 18 au 27 mai aux attaques répétées des armées allemandes ».

Suit enfin le général Lenclud qui avait commandé la 11ᵉ division devant Forbach puis la 19ᵉ division d'infanterie à Péronne. Lui aussi avait constaté la défaillance du matériel. Il a jugé que le moral des troupes « était moins bon en mai 1940 qu'en septembre 1939 », ce qui suscite une protestation de Daladier, infatigable intervenant. On est vendredi. Le président Caous lève l'audience.

Beaucoup semblent fatigués par cette inlassable audition des officiers choisis par l'accusation. Il en reste encore plusieurs. Ils seront entendus le 24 mars et les jours suivants, devant des bancs de la presse de plus en plus clairsemés. Il fait beau dehors. Le beau temps et l'ennui accomplissent peu à peu leur travail.

C'est le tour, le mardi 24 mars, du général de La Porte du Theil, chef des Chantiers de jeunesse créés par le gouvernement du maréchal Pétain. « On avait détruit, dit-il, le moral de ce pays. On n'a pas cherché à lui donner la notion de devoir, et on a ruiné l'autorité[2]. » A la tête du 7e corps d'armée il se trouvait en Alsace, le 10 mai 1940, et il avait dû faire retraite sur la Loire. Sous le feu des questions d'Edouard Daladier, de maître Ribet, de Guy La Chambre, il s'embrouille. Il laisse à la Cour une mauvaise impression.

Le général Trolley de Prévaux lui succède, qui a commandé la 235e division d'infanterie légère : il assure que ses troupes avaient une formation et un moral très médiocres. Aucune question ne lui est posée.

Puis se présente le général Touchon qui insiste vigoureusement sur les déficiences du matériel.

Vient, dernier témoin de la journée, le général Huré, qui fut inspecteur du génie et des fortifications de 1936 à 1938 : il reconnaît le rôle joué par Edouard Daladier pour fortifier la frontière du nord-est, et condamne le retard des travaux et des équipements.

Le lendemain, 25 mars, la Cour, visiblement lassée, entend le général Gerodias qui, de 1935 à 1937, fut sous-chef de l'état-major de l'armée et qui commanda la 22e division alpine sur la Somme. Il dit avoir disposé d'un « matériel complet », mais explique qu'une part importante de ce matériel avait été détruite par l'aviation allemande. Un incident, sur la communication d'un document concernant les mesures envisagées en Espagne par des officiers redoutant un putsch communiste, permet aux avocats de mettre en cause le maréchal Pétain[3]. C'est le maréchal Pétain, dit-on, qui aurait fait communiquer ce document pour laisser croire qu'un putsch communiste était imminent non pas en Espagne mais en France[*]. Daladier intervient, le président Caous s'énerve, on parle soudain de la fin des débats. « Il y a, interrompt Daladier, un certain ultimatum d'un gouvernement étranger et qui aurait pour conséquence la suspension des débats… » Chacun pressent que ce serait un ultimatum allemand. « N'en parlez pas, rétorque le président Caous. D'autant plus que personne n'en sait rien. » Personne ? Tous en parlent.

Vient ensuite le général Montagne, qui a commandé les 10ᵉ et 15ᵉ corps. Il se dit satisfait des fortifications mais il critique vivement l'instruction des officiers et des réservistes. Puis on entend le général Andreï qui

------

[*] Le capitaine Loustaunau-Lacau, en prison lors du procès de Riom, aurait été mêlé à cette affaire. Il sera entendu, en 1945, au procès du maréchal Pétain.

protégea le « rembarquement de Dunker-
que » et se plaint d'insuffisances de toutes
sortes sur le front de la Sarre où il était,
pendant les premiers mois de « la drôle de
guerre ».

C'est maintenant la vingtième audience,
celle du 26 mars. Tout le monde semble se
désintéresser de ce procès. Les journalistes
allemands et les journalistes parisiens ont
quitté les audiences. On entend le lieutenant-
colonel Verdurand, de l'armée de l'air, et le
général Conquet qui parlent abondamment
de l'influence des bombardements aériens
sur le moral des troupes. « S'égailler, disparaître, pour éviter d'être touché, et ensuite,
après chaque raid ennemi, revenir, rentrer
de nouveau dans la guerre… il faut des âmes
fortes… » témoigne le général Conquet[4].

Le 27 mars la Cour entend encore le
général Etcheberrigaray qui s'est trouvé
dans la région des Ardennes. C'est là que

le front, trop faiblement garni, a été percé par les Allemands qui purent ensuite encercler les armées franco-britanniques du nord. M. Daladier intervient pour stigmatiser cette « lourde faute » du haut commandement. Suit le colonel Janson qui confirme que « de grandes quantités de matériel » étaient restées entreposées dans des dépôts à l'arrière, ce qu'avait dit M. Daladier. Vient ensuite un long week-end de printemps...

L'audience est reprise le 31 mars. On parle de plus en plus de l'interruption du procès. Vient encore le général Martin qui fut inspecteur des chars, et qui commence un long dialogue avec l'infatigable Daladier.

Lui succède le général Keller qui a remplacé le général Martin au poste d'inspecteur des chars de combat. « Le 10 mai 1940, les chars français étaient, dit-il, 2 800 contre 6 500 chars allemands. » Ils avaient, en outre, de « graves défauts ». Edouard

Daladier s'en prend vivement à ce témoin qui semble vouloir servir l'accusation. Il conteste les chiffres du général Keller. Le général Gamelin intervient pour démentir que le général Keller l'eût tenu au courant de ce qu'il raconte. Intervient aussi maître Spanien, l'un des avocats de Léon Blum, qui donne lecture d'une appréciation émise par le général Keller le 1er décembre 1939 à propos d'une note du colonel de Gaulle préconisant les « divisions cuirassées ». « Dans ce texte le témoin disait que les enseignements de la guerre de Pologne n'avaient pas rendu caducs les enseignements de la guerre 1914-1918[5]... » Le témoin se retire, visiblement assombri. Il est 19 heures.

Le mercredi 1er avril est venu. On annonce ici et là l'ajournement du procès. Est-ce un « poisson d'avril » ? M. Daladier demande que soient confrontés les généraux Keller et Martin, tous deux anciens inspecteurs des chars. Le président Caous lui répond que la Cour appréciera cette demande, « s'il y a lieu ».

La Cour entend encore le colonel Perré qui commandait la 2ᵉ division cuirassée, et qui, interrogé par Léon Blum, confirme la plupart des affirmations de M. Daladier. Vient le général Langlois qui commandait la 3ᵉ division légère mécanique, qui se plaint du manque de matériel, et notamment du nombre insuffisant des chars. Léon Blum l'interrompt plusieurs fois, pour répliquer à des propos déplaisants du général Langlois qui avait affirmé : « Il est malheureux pour la France de penser que, parmi ces dirigeants, il y en avait quelques-uns qui ne pensaient pas français[6]. »

Le jeudi 2 avril, c'est le tour du général Marescaux qui, en 1937, avait été nommé inspecteur de la DCA. Le général Marescaux critique l'état-major, et surtout la Direction de l'artillerie qui avait manqué à sa tâche, ne commandant pas le matériel nécessaire pour se protéger des attaques aériennes. Daladier ne cache pas sa satisfaction.

Suit le général Hurault, ancien directeur du Service géographique de l'armée. Il affirme que les « télémètres » d'artillerie sortaient à une cadence satisfaisante pendant la guerre, mais qu'ils n'arrivaient pas aux armées. « Quant à l'aviation, on sait qu'il existait plus de 2 000 avions modernes inutilisés, on ne sait pourquoi. » M. Daladier l'approuve évidemment.

Dépose enfin l'intendant général Bernard qui rend hommage à l'effort considérable de M. Daladier. Il parle longuement de l'habillement et de l'équipement des troupes.

« Pour terminer, je dois dire maintenant qu'il était d'opinion courante que l'intendance avait donné des brodequins et des couvertures aux armées rouges d'Espagne. Je ne sais pas si les armées rouges d'Espagne ont acheté des brodequins et des couvertures dans le commerce et dans l'industrie française, ce que je sais bien, c'est que, pendant tout le temps où j'ai été directeur de l'intendance, ni directement, ni indirectement, ni par prière, ni de ma propre initiative, que d'ailleurs j'eusse pris bien légèrement car je n'avais aucun droit pour le faire, il n'a été donné, ni un brodequin, ni une couverture aux armées rouges d'Espagne. Il a été prêté au ministre de l'Intérieur français pour servir aux réfugiés espagnols, quelques dizaines de milliers de couvertures. C'était de l'ordre de 50 000 à 100 000 couvertures usagées, prises dans les corps de troupe, remplacées immédiatement par des couvertures neuves. Ces couvertures prêtées, restaient sur le territoire français. Une grande partie a été récupérée à la mobilisation. Si vous admettez, d'autre part, les chiffres que je vous donnais tout à l'heure – ce sont des chiffres comptables, dont la preuve peut être apportée –, que l'on fabriquait à partir d'octobre 1 025 000 couvertures par mois, vous voyez que cela représentait la production de deux jours, que, par conséquent, cela n'a pas compromis le sort de nos armées[7]. »

L'infatigable Edouard Daladier en tire aussitôt argument pour porter ses soupçons sur d'autres que les prévenus injustement poursuivis.

« Tout cela finit par être un peu inquiétant, quand c'est généralisé à ce point. Et je me pose cette question : comme j'ai beaucoup entendu parler, dans le peuple français, de la fameuse cinquième colonne ; des influences plus ou moins délétères qui se sont exercées avant la guerre et pendant la guerre ; de la propagande défaitiste de faux intellectuels français ; de la propagande de trahison faite par des agents de l'étranger ; est-ce que cet ensemble de faits importants, au stade actuel de l'instruction, n'est pas de nature à justifier les jugements qui ont été portés par cette espèce d'instinct populaire qui se trompe rarement[8] ? »

UN PROCÈS ABANDONNÉ

L'audience est terminée, et le procès suspendu par le président. Il devrait reprendre après les vacances de Pâques. Il ne reprendra pas.

On apprend bientôt par la rumeur, sans même que la Cour eût été avertie, que le 11 avril un rapport avait été adressé par l'amiral Darlan, vice-président du Conseil, et le garde des Sceaux Joseph Barthélemy, au maréchal Pétain chef de l'Etat français :

« Il est donc nécessaire que, pour rendre l'arrêt qui satisfera la justice et amènera le calme dans les esprits, la Cour procède à un supplément d'information sur toutes les responsabilités encourues par les personnes visées à l'article 1ᵉʳ de la loi du 30 juillet 1940 dans les actes qui ont concouru au passage de l'état de paix à l'état de guerre.

Cette recherche de la vérité complète mettra enfin un terme aux campagnes pernicieuses qui, amplifiant ou déformant les allégations des accusés, tentent de diviser à nouveau notre opinion publique et vont par leur déchaînement jusqu'à menacer notre sécurité extérieure, en compromettant nos relations internationales.

En conséquence, la Cour, investie de tous les pouvoirs nécessaires, reprendra et étendra son information.

Cette mesure que nous vous proposons ne comporte aucune réserve à l'égard de la Cour, des grands magistrats qui la composent et de son Parquet ; personne ne met en doute leur haute impartialité, leur compétence et leur sentiment du devoir, auxquels il est nécessaire et juste de rendre hommage.

La situation des accusés restera fixée par la décision que vous avez prise, en application de l'acte constitutionnel n° 7[1]. »

Tous cherchent le *Journal officiel* pour connaître le texte qui semblait ainsi commandé. Les magistrats de la cour de Riom arrivent enfin à se le procurer, et l'avocat général Bruzin, qui a réussi le premier à l'obtenir, non sans mal, en donne publiquement lecture aux avocats assemblés :

« Nous, Maréchal de France, chef de l'Etat français, le Conseil des ministres, entendu, décrétons :

– Article 1ᵉʳ : Les débats actuellement en cours devant la Cour suprême de Justice instituée par l'acte constitutionnel n° 5, en date du 20 juillet 1940, sont suspendus, à compter de la publication du présent décret au Journal Officiel…

– Article 2 : La Cour complètera son information à l'effet de rechercher et de juger toutes les responsabilités, quelles qu'elles soient, encourues par les personnes[2]… »

Tous les avocats étaient là, à l'exception de maître Toulouse qui n'aimait guère se lever tôt. « Si je comprends bien, déclare maître Ribet, monsieur le maréchal nous demande l'armistice. » Les avocats, apparemment vainqueurs, se mettent à plaisanter. « Faut-il apporter des fleurs et des couronnes ? » interroge maître Le Troquer. Les magistrats, eux, supportent sans mot dire « ce désaveu cinglant » et « ce congé sans préavis donné par un pouvoir ingrat »[*3].

Le lendemain, 15 avril, l'amiral Darlan devait céder sa place à Pierre Laval « revenant triomphant, imposé par les Allemands »[4].

Dès le 20 mars 1942, l'hebdomadaire allemand *Das Reich* avait publié une vigoureuse protestation de Hitler contre un procès qui n'était pas du tout celui qu'il avait demandé au maréchal Pétain à Montoire :

---

* Le maréchal Pétain aurait, semble-t-il, reçu discrètement le président Caous.

« Nous nous trouvons devant une mentalité qui nous est difficilement compréhensible ! Il semble que l'on reproche aux accusés, non leur responsabilité de la déclaration de guerre, mais le fait d'avoir perdu une guerre mal préparée ; et que, si l'on veut lire entre les lignes, on les couvrirait de fleurs si, au contraire, ils avaient été victorieux. Ce procès tend ainsi, par des voies détournées, à devenir la justification d'une guerre qu'on aurait dû gagner. »

« C'est une farce typique de la démocratie », aurait dit Mussolini se moquant de ce sinistre procès[5].

A Vichy, le professeur Grimm, historien allemand qui avait publié un gros ouvrage sur Richelieu, « commis voyageur de l'Europe nazie », disait-on, serait venu dire au maréchal, en présence de Lucien Romier, de Barthélemy et de du Moulin de Labarthète, qu'il eût fallu donner une tout autre tournure à ce procès que les Français avaient fâcheusement détourné de son objectif. Ce procès n'avait fait qu'avouer les insuffisances du matériel français, les raisons techniques de la défaite. La victoire de l'Allemagne apparaissait dès lors « trop facile ». L'ambassadeur Otto Abetz aurait lui-même demandé à Pétain de clore ce procès « dérisoire ».

Le supplément d'information ordonné était sans doute le moyen d'en finir sans en finir… mais chacun pressentait que le procès ne reprendrait jamais.

Les accusés, déjà condamnés à la détention à vie par le maréchal Pétain et son « Conseil de justice politique », devaient sans doute retrouver les murs sinistres du fort du Portalet ; on ne sait pourquoi, ils furent maintenus un temps à Bourrassol.

En novembre 1942 vint la détention des condamnés par les Allemands qui avaient occupé la zone libre. « Par un après-midi brumeux d'automne je pris ma bicyclette, écrit Pierre Béteille, et allai faire part de la nouvelle à Caous : "Je m'y attendais" se borna-t-il à répondre[6]. »

« La fiction de l'indépendance du gouvernement de Vichy avait disparu », écrit Henri Michel[7]. Gabolde, devenu garde des Sceaux, fit le 21 mai 1943 une loi déclarant close la session de la Cour suprême de justice.

En définitive, conclut Henri Michel :

« le procès est aussi révélateur des liens de dépendance du régime de Vichy avec l'occupant allemand. Les dirigeants de Vichy proclamaient leur volonté d'indépendance ; ils croyaient pouvoir légiférer pour le futur, ils voulaient construire une France nouvelle comme si l'avenir leur avait appartenu ; ils imaginaient même que la France vaincue, mais rénovée, pourrait jouer un rôle majeur, peut-être d'arbitre, à la paix ; en fait, comme il était devenu de règle, quand l'occupant manifesta son mécontentement, Hitler ayant froncé les sourcils, les dirigeants de l'Etat français se soumirent immédiatement ; renvoyant à leur prison des inculpés condamnés sans être jugés, et dont on devait bien prévoir à Vichy qu'ils tomberaient entre les mains des Allemands, quand ceux-ci le voudraient.

Ainsi, le procès de Riom avait été à la fois une comédie-bouffe et une tragédie. Comédie-bouffe, parce que les accusateurs avaient été ridiculisés par les accusés. Tragédie, parce que les divisions des Français avaient été étalées et aggravées, et des innocents condamnés[8]. »

*
*   *

Encore le procès de Riom avait-il prétendu garder les apparences d'une justice faisant appel à de vrais juges, acceptant et écoutant les avocats, s'appliquant à dissimuler l'arbitraire qui les entourait. Ce faux procès ne saurait faire oublier toutes les atrocités dont furent victimes, à l'exemple des 27 otages du camp de Châteaubriant mis à mort le 22 octobre 1941, de nombreux condamnés exécutés sans recours sur ordre des Sections spéciales, fusillés, abattus, mis à mort de diverses manières, parce que la haine ou la vengeance l'exigeait.

*

* *

Le 31 mars 1943, Léon Blum entame son trentième mois de captivité. Il travaille comme chaque jour à sa table de travail, dans sa cellule de Bourrassol. Il écrit, quand soudain la porte s'ouvre. Il a le temps de griffonner, nous dit Jean Lacouture, quelques lignes à l'adresse de Jeanne Levylier, la femme qu'il aime, et qui l'aime et le soutient. « A l'instant, écrit-il à la hâte, entrent des officiers allemands. Je pars à midi. Les dés sont jetés. Je vous promets de revenir[9]. » Il est conduit, avec Gamelin et Daladier, à l'aéroport d'Aulnat.

A la fin de mars, il avait écrit à son fils Robert, prisonnier en Allemagne et dont le sort ne cessait de l'inquiéter*, qu'il était toujours logé avec Gamelin et Daladier. En fait, fini le temps de Bourrassol, il sera séparé de ses compagnons du procès. Il sera transporté en Allemagne, à Buchenwald, installé dans un baraquement à la limite extérieure du camp, proche du quartier des officiers. Il constatera que la chambre voisine était déjà occupée par Georges Mandel. Jeanne Levylier – qu'il appelle Janot – arrache, non sans peine, aux autorités d'occupation le droit de rejoindre Léon Blum à Buchenwald et de l'épouser. Toute la journée il travaille, il réfléchit. Il parle avec Georges Mandel dont la vie politique l'avait parfois rapproché, souvent éloigné, il écrit des textes émouvants.

« Je ne crois pas aux races de déchus et de damnés. Je n'y crois pas plus pour les

---

* Robert Blum était détenu dans un *Oflag*, camp pour officiers, mais un *Oflag* rempli de résistants et de Juifs.

Allemands que pour les Juifs… Tout ce qui s'écrit aujourd'hui du peuple allemand et de sa responsabilité collective, on le disait et l'écrivait du peuple français en Angleterre comme en Allemagne, au lendemain de Waterloo. Un bien léger déplacement de circonstances suffit pour ranimer la brute chez l'homme, chez tous les hommes… Il y a des époques de vainqueurs, il y a des époques de vaincus… Le danger des époques où chacun se croit vainqueur est plus grand que celui des époques où chacun se sent vaincu[10]. »

Un matin de juillet 1944, sur ordre téléphonique de Himmler, la Gestapo vient extraire Georges Mandel pour le livrer à la Milice française. Il fallait venger Philippe Henriot, secrétaire d'Etat à l'Information du gouvernement Laval, abattu par un réseau de résistants. Mandel ne se faisait pas d'illusion sur le destin qui l'attendait. « Jamais nous ne l'avions vu plus calme, plus posé, plus lucide, écrira Blum. Nous avons suivi de notre fenêtre l'auto qui allait le conduire à l'aérodrome, emplis par le même pressentiment sinistre, et pensant qu'un jour ou l'autre, bientôt, peut-être, nous suivrions nous aussi le même chemin[11]. »

Le 1er avril 1945, tandis que la 3e armée américaine approchait de Buchenwald, commencera une évacuation redoutable, de Ratisbonne au Tyrol à travers l'Allemagne puis en Italie. Jeanne et Léon Blum risqueront plusieurs fois des tragédies. Transportés d'épreuve en épreuve, ils seront déposés à Orly par un appareil américain, le lundi 14 mai, attendus, chaleureusement accueillis. Une nouvelle vie commence enfin. « Une sur-vie plutôt » écrira Jean Lacouture. Léon Blum reprendra, avec ce qu'il lui reste d'ardeur, une activité politique qui le conduira à beaucoup se fatiguer. Il dépose au procès du maréchal Pétain. Il écrit au général de Gaulle pour tenter – en vain – de sauver Pierre Laval condamné à mort et qui sera fusillé presque agonisant, après avoir tenté de se suicider. « Je pense, écrivit Léon Blum, qu'on ne peut exécuter une condamnation capitale après un procès comme celui-là. Il ne s'agit pas d'une grâce mais d'un redressement de la Justice. »

Le 12 décembre 1946 Léon Blum est investi président du Conseil pour la troisième fois de sa vie. Et voici que son cher compagnon Vincent Auriol est élu par le Congrès en janvier 1947 président de la République, au premier tour du scrutin. « Pour Blum sa mission est remplie[12]. » Il remet à son ami Auriol la démission du gouvernement socialiste homogène et se retire à Jouy-en-Josas. Sa santé se détériore à l'automne 1948. Le 30 mars 1950, à la suite d'un malaise cardiaque, Léon Blum mène son ultime combat contre la mort qui l'emporte. Des funérailles nationales seront célébrées le 2 avril, à Paris, place de la

Concorde. La Justice – et le procès de Riom n'en fut qu'un moment terrible – avait été la grande cause de sa vie. « Il ne croyait pas à la vertu politique du mal[*]. »

Edouard Daladier, libéré de Buchenwald en 1945, retrouvera lui aussi la politique, mais tout autrement. Dès 1945, il préface l'excellent livre de Pierre Mazé et Roger Genebrier – qui n'avaient cessé de le soutenir dans ses prisons, à Riom notamment – sur *Les grandes journées du procès de Riom*. Il deviendra député du Vaucluse en 1946, en dépit de l'opposition des communistes, puis maire d'Avignon, toujours porté par son ardeur et son talent. Il le sera jusqu'en 1958 et redeviendra ensuite ce qu'il n'avait jamais tout à fait cessé d'être, un écrivain de l'histoire. Il commence à rédiger ses mémoires. Son *Journal de captivité* sera

---

[*] C'est la dernière phrase du *Léon Blum* de Jean Lacouture.

publié par Jean Daladier en 1991. Il meurt le 10 octobre 1970.

Le général Maurice Gamelin a publié ses mémoires en 1946 et 1947. Il s'en est allé, âgé de quatre-vingt-cinq ans, le 18 avril 1958.

*

* *

Les responsables du procès de Riom avaient voulu discréditer la République, prouver, par les interrogatoires, les témoins entendus, les condamnations qui eussent dû achever le procès, que les valeurs attribuées à la démocratie n'étaient pas celles de la France, et qu'elles avaient conduit ce beau et grand pays à la pire des défaites. Quand le procès de Riom fut renvoyé à plus tard, à l'éternité, il était clair que celui-ci avait manqué ses objectifs : les magistrats, pourtant choisis, s'étaient efforcés de rester de vrais juges ; les avocats

avaient rempli avec courage leurs missions ;
et ce procès, dont le gouvernement de
Vichy avait espéré, attendu, le déshonneur
historique de la République, n'avait servi à
rien, pas même à satisfaire Hitler. Mais il
avait exprimé, à sa manière, la haine, la soif
de vengeance, l'indifférence à la démocratie
quand elle semble dérangeante, vieilles
maladies françaises, qui risqueront toujours
de poursuivre leur chemin.

Notes

Introduction

1. Voir Jean-Pierre Royer et Jean-Paul Jean, *Histoire de la justice en France*, PUF, 4e éd., 2010, et la bibliographie citée par les auteurs p. 25 sq.

Voir également : *L'histoire de la justice française de la Révolution à nos jours. Trois décennies de recherches*, par Jean-Claude Farcy, publié avec le concours de la mission de recherche Droit et Justice, PUF, 2001 ;

Justice et pouvoirs, revue *Justices*, Dalloz, 1996 ;

La justice de l'épuration à la fin de la Seconde Guerre mondiale, collection « Histoire de la justice », n° 18, Association française pour l'histoire de la justice, La Documentation française, 2008.

2. Jean-Louis Halpérin, « 1789-1815 : un quart de siècle décisif », revue *Justices*, Dalloz, 1996, p. 22.

3. Jean-Pierre Royer et Jean-Paul Jean, *op. cit.*, p. 386 sqq.

4. Yves-Frédéric Jaffré, *Les tribunaux d'exception : 1940-1962*, Nouvelles Editions latines, 1962, p. 12.

Le coup d'Etat de 1940

1. Eric Roussel, *Le naufrage : 16 juin 1940*, Gallimard, Paris, 2009, p. 21 sqq.

2. *Ibid.*, p. 21.

3. *Ibid.*, p. 35.

4. *Ibid.*, p. 41.

5. *Ibid.*, p. 45.

6. *Ibid.*, p. 49.

7. *Ibid.*, p. 51.

8. *Ibid.*, p. 52

9. Albert Lebrun, *Témoignage*, Plon, 1945, p. 98 sq.

10. *Ibid.*, p. 100.

11. Sur la tragique histoire du Massilia, voir : Christiane Rimbaud, *L'affaire du Massilia*, Le Seuil, 1984 ; Jean-Denis Bredin, *Un tribunal au garde-à-vous. Le procès Mendès France*, Fayard, 2002.

12. Albert Lebrun, *op. cit.*, p. 109.

13. Voir cependant les critiques de René Cassin exprimées dans *La France libre*, décembre 1940, citées par Henri Michel, *Le procès de Riom*, Albin Michel, 1979, p. 16.

14. H. du Moulin de Labarthète, *Le temps des illusions. Souvenirs (juillet 1940 - avril 1942)*, Les Editions du Cheval ailé, 1946, p. 374 sqq.

15. *Ibid.*, p. 375.

16. Pierre Servent, *Le mythe de Pétain : Verdun ou les tranchées de la mémoire*, Payot, 1992, p. 127.

17. Robert Aron, *Histoire de Vichy, 1940-1944*, Club du Livre du mois, 1970, p. 29.

18. *Ibid.*, p. 128.

19. Pierre Servent, *op. cit.*, p. 127.

20. Sur le « mythe Pétain », cf. Benoît Lavagne, *Etude du journal privé d'André Lavagne, chef du cabinet civil du chef de l'Etat français, 1941-1943*, Université Pierre Mendès France, Institut d'études politiques de Grenoble, 2000, p. 5 sq.

21. Joseph Barthélemy, *Ministre de la Justice Vichy 1941-1943. Mémoires*, Pygmalion/Gérard Watelet, Paris, 1989, pp. 63-64.

22. *Ibid.*, p. 69.

23. *Ibid.*, p. 73.

24. Robert Aron, *op. cit.*, p. 33.

25. *Ibid.*, p. 34.

26. *Ibid.*, p. 212.

La Cour suprême de justice

1. Pierre Béteille et Christiane Rimbaud, *Le procès de Riom*, Plon, 1973, p. 29 sqq.
2. Henri Michel, *op. cit.*, p. 89.
3. Pierre Béteille et Christiane Rimbaud, *op. cit.*, p. 33.
4. Joseph Barthélemy, *op. cit.*, p. 224 sqq.
5. *Ibid.*, p. 244 ; Claude Bertin, *Les grands procès de l'histoire de France. Riom-Pucheu*, Editions de Crémille, 1973, p. 22.

Le Conseil de justice politique

1. Claude Bertin, *op. cit.*, p. 28.
2. Paul Soupiron, *Bazaine contre Gambetta ou le procès de Riom*, Editions Lugdunum, 1944, p. 50 sq.

La première audience

1. Claude Bertin, *op. cit.*, pp. 31-32.
2. *Ibid.*, p. 32.

3. Joseph Barthélemy, *op. cit.*, p. 219.

4. Serge Bernstein, *Léon Blum*, Fayard, 2006, p. 648 sq.

5. Claude Bertin, *op. cit.*, p. 34.

6. *Ibid.*, pp. 34-35.

7. Pierre Béteille et Christiane Rimbaud, *op. cit.*, pp. 126-127.

8. Maurice Ribet, *Le procès de Riom*, Flammarion, 1945, p. 49 sqq.

9. *Ibid.*, pp. 51-52.

10. Claude Bertin, *op. cit.*, p. 52.

11. *Ibid.*, p. 54.

12. *Ibid.*, p. 55.

Interrogatoire d'Edouard Daladier

1. Claude Bertin, *op. cit.*, p. 75.

2. Pierre Mazé et Roger Genebrier, *Les grandes journées du procès de Riom*, préface d'Edouard Daladier, La Jeune Parque, 1945, p. 54.

3. Henri Michel, *op. cit.*, p. 118 sq.

4. Edouard Daladier, *Journal de captivité. 1940-1945*, Calmann-Lévy, 1991.

Interrogatoire du général Gamelin

1. Claude Bertin, *op. cit.*, pp. 104-105.
2. *Ibid.*, p. 105.
3. *Ibid.*, p. 106.

Interrogatoire de Guy La Chambre

1. Frédéric Pottecher, *Le procès de la défaite*, Fayard, 1989, pp. 106-107.

6 mars 1942 : l'audience à huis clos

1. H. du Moulin de Labarthète, *op. cit.*, p. 376 sqq.
2. Frédéric Pottecher, *op. cit.*, p. 119.

Interrogatoire de Léon Blum

1. Pierre Mazé et Roger Genebrier, *op. cit.*, p. 144.
2. *Ibid.*, p. 153.
3. *Ibid.*, p. 162.
4. Serge Bernstein, *op. cit.*, p. 658.
5. Pierre Mazé et Roger Genebrier, *op. cit.*, pp. 163-164.

6. *Ibid.*, p. 172.
7. *Ibid.*, p. 173.
8. *Ibid.*, p. 176.
9. *Ibid.*, p. 183.

Interrogatoire de Robert Jacomet

1. Claude Bertin, *op. cit.*, pp. 124-125.

Témoignages des officiers

1. Pierre Mazé et Roger Genebrier, *op. cit.*, p. 194.
2. Frédéric Pottecher, *op. cit.*, p. 181.
3. Pierre Tissier, *Le procès de Riom*, Harrap, 1943, p. 21.
4. Frédéric Pottecher, *op. cit.*, p. 199.
5. Claude Bertin, *op. cit.*, p. 138.
6. Maurice Ribet, *op. cit.*, p. 254.
7. *Ibid.*, p. 273.
8. *Ibid.*, p. 275.

L'Infamie

Un procès abandonné

1. Maurice Ribet, *op. cit.*, p. 282.
2. Frédéric Pottecher, *op. cit.*, p. 250.
3. Henri Michel, *op. cit.*, p. 378, note 25.
4. Claude Bertin, *op. cit.*, p. 141.
5. Pierre Béteille et Christiane Rimbaud, *op. cit.*, p. 271.
6. *Ibid.*, p. 274.
7. Henri Michel, *op. cit.*, p. 385.
8. *Ibid.*, pp. 402-403.
9. Jean Lacouture, *Léon Blum*, Le Seuil, Paris, 1977, p. 495. Sur Léon Blum et Jeanne Levylier, cf. le livre de Dominique Missika, *Je vous promets de revenir, 1940-1945, le dernier combat de Léon Blum*, Robert Laffont, 2009.
10. Jean Lacouture, *op. cit.*, p. 498.
11. *Ibid.*, p. 501.
12. Serge Bernstein, *op. cit.*, p. 743.

Bibliographie

AMOUROUX Henri, *La grande histoire des Français sous l'Occupation,* vol. 1 à 10, Paris, Robert Laffont, 1976-1993.

ARON Robert (en collaboration avec Georgette ELGEY), *Histoire de Vichy, 1940-1944*, Club du Livre du mois, 1970.

AZÉMA Jean-Pierre et BÉDARIDA François, *La France des années noires*, Paris, Points, 2000.

BARTHÉLEMY Joseph, *Ministre de la Justice Vichy 1941-1943. Mémoires*, Paris, Pygmalion/ Gérard Watelet, 1989.

BASTID Paul, *Les grands procès politiques de l'histoire*, Paris, Fayard, 1962.

BERNSTEIN Serge, *Léon Blum*, Paris, Fayard, 2006.

BERTIN Claude, *Les grands procès de l'histoire de France. Riom-Pucheu*, Suisse, Editions de Crémille, 1973.

BÉTEILLE Pierre et RIMBAUD Christiane, *Le procès de Riom*, Paris, Plon, 1973.

BLOCH Marc, *L'étrange défaite*, Paris, Gallimard, 1990.

BLOCH-LAINÉ François et GRUSON Claude, *Hauts fonctionnaires sous l'Occupation*, Paris, Odile Jacob, 1996.

BLUM Léon, *L'Œuvre de Léon Blum*, tomes 1 à 9, Paris, Albin Michel, 1954-1963, et spécialement le tome 5 : *Mémoires. La prison et le procès*.

BLUM Léon, *A l'échelle humaine*, Paris, Gallimard, 1945.

BLUM Léon, *Lettres de Buchenwald*, présentées par Ilan Greilsammer, Paris, Gallimard, 2003.

BRACHER Julia, *Riom 1942. Le procès*, Paris, Omnibus, 2002.

BREDIN Jean-Denis, *Un tribunal au garde-à-vous. Le procès Mendès France*, Paris, Fayard, 2002.

BUISSON Patrick, *1940-1945 Années érotiques*, Albin Michel, 2008.

CASSIN René, *La France Libre*, décembre 1940.

COQUET James de, *Le procès de Riom*, Paris, Fayard, 1945.

DALADIER Edouard, *Journal de captivité. 1940-1945*, préface de Jean Daladier, annoté par Jean Daridan, Paris, Calmann-Lévy, 1991.

FARCY Jean-Claude, *L'histoire de la justice française de la Révolution à nos jours. Trois décennies de recherches*, publié avec le concours du GIP Mission de recherche « Droit et Justice », Paris, PUF, 2001.

GAMELIN Maurice, *Servir*, Paris, Plon, 1947.

HALPÉRIN Jean-Louis, « 1789-1815 : un quart de siècle décisif », revue *Justices*, Dalloz, 1996.

JAFFRÉ Yves-Frédéric, *Les tribunaux d'exception 1940-1962*, Paris, Nouvelles Editions latines, 1962.

KASPI André, *La deuxième guerre mondiale : chronologie commentée*, Paris, Perrin, 1990.

KLARSFELD Serge, *Vichy-Auschwitz*, Paris, Fayard, 1985.

LACOUTURE Jean, *Léon Blum*, Paris, Le Seuil, 1977.

LAVAGNE Benoît, *Auprès du maréchal Pétain. Etude du journal privé d'André Lavagne, chef du cabinet civil du chef de l'Etat français (25 août 1941 / 24 mai 1943)*, vol. 1 et 2, Université Pierre Mendès France, Institut d'études politiques de Grenoble, 2000.

LEBRUN Albert, *Témoignage*, Paris, Plon, 1945.

LOTTMAN Herbert, *L'épuration : 1943-1953*, Paris, Fayard, 1986.

LOUSTAUNAU-LACAU Georges, *Mémoires d'un Français rebelle*, Paris, Robert Laffont, 1948.

MARRUS Michael et PAXTON Robert, *Vichy et les Juifs*, Paris, Calmann-Lévy, 1981.

MARTIN DU GARD Maurice, *La Chronologie de Vichy, 1940-1944*, Paris, Flammarion, 1948.

MAZÉ Pierre et GENEBRIER Roger, *Les grandes journées du procès de Riom*, préface d'Edouard Daladier, Paris, La Jeune Parque, 1945.

MICHEL Henri, *Le procès de Riom*, Paris, Albin Michel, 1979.

MISSIKA Dominique, *Je vous promets de revenir, 1940-1945, le dernier combat de Léon Blum*, Paris, Robert Laffont, 2009.

MOULIN DE LABARTHÈTE, Henri du, *Le temps des illusions. Souvenirs (juillet 1940 - avril 1942)*, Genève, Les Editions du Cheval ailé, 1946.

PAXTON Robert, *La France de Vichy*, préface de Stanley Hoffmann, Paris, Le Seuil, 1997.

POTTECHER Frédéric, *Le procès de la défaite*, Paris, Fayard, 1989.

QUETEL Claude, *L'impardonnable défaite, 1918-1940*, Paris, Claude Lattès, 2010.

RÉAU Elisabeth du, *Edouard Daladier 1884-1970*, Paris, Fayard, 1993.

REYNAUD Paul, *Carnets de captivité, 1941-1945*, Paris, Fayard, 1997.

RIBET Maurice, *Le procès de Riom*, Paris, Flammarion, 1945.

RIMBAUD Christiane, *L'affaire du Massilia*, Paris, Le Seuil, 1984.

ROUSSEL Eric, *Le naufrage : 16 juin 1940*, Paris, Gallimard, 2009.

ROYER Jean-Pierre et JEAN Jean-Paul, *Histoire de la justice en France*, Paris, PUF, 4ᵉ éd., 2010.

SERVENT Pierre, *Le mythe de Pétain : Verdun ou les tranchées de la mémoire*, Paris, Payot, 1992.

SOUPIRON Paul, *Bazaine contre Gambetta ou le procès de Riom*, Lyon, Editions Lugdunum, 1944.

TISSIER Pierre, *Le procès de Riom*, Londres, Harrap, 1943.

Ouvrages collectifs

Justice et pouvoirs, revue *Justices*, Paris, Dalloz, 1996.

La justice de l'épuration à la fin de la Seconde Guerre mondiale, collection « Histoire de la justice », nᵒ 18, Association française pour l'histoire de la justice, Paris, La Documentation française, 2001.

REMERCIEMENTS

Je remercie Mme Françoise Briquet qui a bien voulu m'accompagner tout au long de ce travail. Ma gratitude et ma vive affection vont vers elle.

TABLE

Mise en pages PCA
44400 Rezé

Dépôt légal : mars 2012
N° d'édition :   – N° d'impression :
Imprimé en France